Best Chinese Names

Your Guide to Auspicious Names

Written By LIU XIAOYAN   Translated by WU JINGYYU

佳
名
好
字

⚖ ASIAPAC • SINGAPORE

Publisher
ASIAPAC BOOKS PTE LTD
996 Bendemeer Road #06-09
Singapore 339944
Tel: (65) 6392 8455
Fax: (65) 6392 6455
Email: asiapacbooks@pacific.net.sg

Come visit us at our Internet home page
www.asiapacbooks.com

First published December 1996
11th edition (revised) January 2007

© 1996 ASIAPAC BOOKS, SINGAPORE
ISBN 13   978-981-3068-30-8
ISBN 10   981-3068-30-2

Artwork: Poh Yih Chwen
Cover design: Chin Boon Leng
Typesetting: Quaser Technology Pte Ltd
Body text: 10pt Times
Printer: Chung Printing

Publisher's Note

Parents have the privilege of giving their child the first gift of a personal name. The name becomes the means of identification, the representation of his personality, and the emblem of the parents' expectations.

An elegant and inspiring name will enhance a child's self-concept and help build positive attitudes towards life. Conversely, a person whose name sounds funny or derogatory will have to suffer endless ridicule from peers and embarrassment in social situations.

This book aims to help parents and individuals choose Chinese names which are original, appropriate and beautiful. Designed for English readers, the book highlights the intention for the choice of names and provides the meaning of all the names suggested. All names are listed in simplified character and hanyu pinyin.

Due to the emergence of China and the growing cross-cultural exchange, many westerners have also chosen Chinese names to foster personal relations and business ties. An entire chapter is devoted to Chinese equivalents of English names.

This volume is unique in that the author has explored the various methods of naming, whether by parents' expectations, seniority among siblings, naming after historical events, or according to ancient Chinese theories such as one's horoscope and the elements of the universe. There is also a special reference index containing associated names with favourable connotations for siblings. Written in easy language, the book will enhance your appreciation of Chinese names as well as understanding of the Chinese culture.

We would like to thank Liu Xiaoyan and Wu Jingyu for the making of this fascinating guide, and to Poh Yih Chwen for enlivening it with her drawings. Our thanks, too, to the production team for putting in their best efforts to make this publication possible.

About the Author

Liu Xiaoyan was born in Jiangxi in 1965. She was awarded Bachelor of Philosophy from Jiangxi University in 1986, and Master of Philosophy from South-east University in 1989. She has worked at various institutions, including Guangdong Institute of Technology, China; SBS Broadcasting Corporation, Australia; and Lins Advertising & Marketing Pte Ltd, Singapore.

A research writer, she wrote a paper on the interpersonal conflicting causes in decision system published in Paris for the *International 90 Conference Periodicals: SIGNALS & SYSTEMS Vol. 28, N, 1, 1992*, and another on conflict between information and human published in China for the *National Decision-making Theory Conference Periodicals, 1990*.

She also conceived the comic entitled *Chinese Business Strategies* published by Asiapac Books, Singapore.

About the Translator

Wu Jingyu, born in 1928, studied journalism at Yenching University from 1944 to 1948. She studied at the Beijing Foreign Language School in 1950, where translators and interpreters were trained. She began her teaching career in 1954 and taught Chinese, Chinese Literature, English and European Literature in American, Canadian and Chinese universities. She is now Professor of English, specialising in teaching English as a second language at the Beijing Second Foreign Language Institute.

Contents

WHAT IS A GOOD NAME ?

Confucius says: "If names be not correct, language accords not with truth." Besides its more profound meaning, the saying can be understood as: "If names are not fitting and proper, they do not sound good." This shows that Confucius thought naming a person was a grave thing that should not be taken lightly. Names are not just codes for identifying people; they are laden with meanings. Names must not only be easy to remember, sound and look good, they must also have good meanings. Therefore, you must do your best to give your children good names that can be used all their lives.

What, then, is a good name? A good name is one that is pleasant to hear, easy to remember, and has a good meaning.

I. A Name Pleasant to Hear

My name is
Lǐ Rúbīng.

A name that is pleasant to hear is one made up of characters with clear-sounding syllables that read smoothly and are not hard to pronounce. For instance, Lǐ Rúbīng (李如冰), Liú Zhìgāng (刘志刚), Zhāng Miàoyù (张妙玉) are names that sound smooth and pleasant. This is because the Chinese characters are spelt with different consonants and vowels. The consonants in the characters *li, ru,* and *bing* are *l, r,* and *b,* and the vowels are *i, u,* and *ing.* In Liú Zhìgāng, the consonants are *l, zh, g,* and the vowels are *iu, i, ang.* In Zhāng Miàoyù, they are *zh, m, y* and *ang, iao, u* respectively.

A name made up of characters spelt with the same consonants and vowels would sound like a tongue-twister; it is hard to pronounce and it often sounds unclear. Therefore, in order to make a name easy to pronounce and sound good, words with different consonants and vowels should be used. For instance, in the name Lín Lìlíng (林丽玲), the consonants of all three characters are *l,* which makes it difficult to pronounce. Likewise, a name like Zhāng Shàngchāng (张尚昌) having the vowel *ang* in all the characters should also be avoided.

In the Chinese language, there are three retroflex consonants, i.e. *zh, ch, sh* and three corresponding non-retroflex consonants, i.e. *z, c, s.* If these consonants are used together in a name, they will make it very hard to pronounce the name. For instance names like Shí Shīshì (石诗士) and Zhèng Zhízì (郑直字) would sound like tongue-twisters.

Chinese is a tonal language. There are four tones, which are yīnpíng (阴平), yángpíng (阳平), shàngshēng (上声) and qùshēng (去声)*. If the characters in a name are of the same tone, its pronunciation will lack modulation and sound unclear. For instance, in the name Liǔ Lǐyǐng (柳理颖), all three characters are pronounced in shàngshēng, and in the name Lín Chángshí (林常时), all characters have the yángpíng tone. These are not nice-sounding names.

When you name your babies or give yourself a Chinese name, you should select words with tones and sounds that are harmonious and pleasant to hear and avoid the above-mentioned pitfalls.

II. A Name Easy to Remember

The basic function of a name is to enable people to identify and address each other. We all want others to remember our names and address us by them. This means we must select names that are uncomplicated, easy to understand, and original.

---

* *Alternatively, the four tones are known as high tone, rising tone, dipping tone and falling tone respectively.*

1.   Being uncomplicated means the characters in the name should not have too many strokes and become difficult for the child and others to write. For instance, in the name <u>Cài Xīnléi</u> (蔡馨蕾), the surname has 14 strokes, the first character in the given name has 20 strokes and the second one has 16, making a total of 50 strokes. It will take a long time to learn to write such a name. You may even lose interest and confidence in writing it because of the difficulty involved.

Moreover, the characters would probably look clumsy when they are written. And when they are written in small size, the characters will be difficult to decipher.

2.   Being easy to understand means the characters should be common. I have two friends whose parents, wanting to give them names different

3

from the common run, searched in dictionaries and picked characters that are rarely used. One of them was named Lín Yuè (林龠), the other was named Lín Zān (林簪). 龠 is a musical instrument while 簪 is a hair ornament. Many people did not know how to pronounce the names, nor did they understand their meanings. Of course they were unable to remember them.

A good name should be easy for others to understand, pronounce, and remember. It helps you to associate with others.

3. Being original means the name should have meaning that is not trite, and is not so common that it duplicates the names of other people. Many parents like to name their babies after historic events. In the year Singapore was founded, many children were named Jiànguó (建国), Lìguó (立国), Guóchéng (国成), Guówēi (国威), Xīnguó (新国), Wěiguó (伟国), and Àiguó (爱国). This resulted in many children having the same names, and their names were often confused and easily forgotten.

Naming babies after historic events is a common practice; there should not be any objection to it. However, if all parents at a particular point of time adopt the same method to name their babies, the names

will definitely become trite. I remember when I was in school, two classmates of mine had the same name <u>Zhāng Wèidōng</u>(张卫东). When the teacher called on one of them to answer a question, both would respond. The fact that this is not a rare phenomenon in the Chinese-speaking community is probably caused by many parents' inclinations to name their babies after historic events.

It is, therefore, necessary for you to familiarize yourself with various naming methods so that you can select original and meaningful names.

III. A Name with Good Meaning

Every Chinese character has at least one meaning; therefore, all names carry a meaning. A name with good meaning gives people a good first impression. If a person's name is common and crude, he or she would sometimes feel embarrassed to answer when a new acquaintance asks his or her name.

Usually parents or senior members of the family select names for babies according to their own values, aesthetic standards, aspirations, interests, or characters. For instance, some parents have strong ideas about bringing honour to their ancestors. They would choose names like Shàozǔ (绍祖), Chéngxiān (承先), Kǎozǔ (考祖), Jìzǔ (继祖), Xīngzōng (兴宗) and Xiǎnzōng (显宗), which all carry the meaning of bringing honour to one's ancestors. Some parents set their hearts on material enjoyment and hope their children will have rank and wealth. The names they are likely to give their babies are Qiánróng (钱荣), Qiánhuá (钱华), Qiánfù (钱富), or Qiánguì (钱贵). Parents who attach importance to the cultivation of moral character often name their babies Shàngdé (尚德), Pǐnzhèng (品正), Bǐngdé (炳德), Zhìbīn (质彬), Shǒuxìn (守信), or Rénqīng (仁清). Other parents who take delight in a free and peaceful life and hope their children will also live in safety and be free of trouble like to give their children names like Níngqīng (宁清), Jìngbō (静波), Yípíng (怡平), Ānyí (安怡), or Xíngyún (行云).

Naming children according to one's outlook of life, values, aspiration and character is a commendable method; but care must be taken to avoid poor taste. Some of the names mentioned above like Qiánhuá (钱华), Qiánfù (钱富), Qiánguì (钱贵) show the naked craving for wealth. Though meaningful, they are very crude. A good name should be refined and subtle, and the meaning is often expressed implicitly. The name Jiāng Bóyáng (江柏杨) uses the cypress tree as a symbol of moral uprightness. If the name were changed into Zhèngzhí (正直), which means uprightness, it would not be so refined. The name Sòng Sīhuì (宋思慧) signifies thoughtfulness and wisdom. Changed into Sòng Cōngmíng(宋聪明) it would become blunt and common.

To make a name refined and meaningful, you must also see to it that when the given name and the surname are pronounced together they would not sound offensive. For instance, the name Liú Gǒushí (刘苟石) sounds like 留狗屎 , which means "dog's droppings"; Wú Liáo (吴燎) sounds like 无聊 , a phrase meaning "bored" or "silly"; and the name Zēng Táoyàn (曾桃燕) is the same in pronunciation as 真讨厌 which means "really disgusting".

Selecting a name by means of associating with idioms can create names that carry profound meaning. For a baby boy whose family name is <u>Mǎ</u> (马), the parent can select words from the idiom <u>lǎo mǎ shí tú</u> (老马识途), which means "An old horse knows the way" and call him Mǎ Shítú (马识途). The name Wàn Liúfāng (万流芳) is associated with the idiom <u>wàn gǔ liú fāng</u> (万古流芳), which means "achieving immortal fame"; the name Ān Rúshí (安如石) comes from the idiom <u>ān rú pán shí</u> (安如磐石) meaning "as firm as a rock"; and Rèn Dàoyuǎn (任道远) takes its meaning from the idiom <u>rèn zhòng dào yuǎn</u> (任重道远) that means "trusted with heavy responsibilities and important missions".

Using homophones is also a method of naming that produces good, meaningful names. For instance, Sū Jí (苏籍) is similar in pronunciation to shūjí (书籍), which means "book", and Péng Yǒu (彭友) is a homophone of <u>péng you</u> (朋友) meaning "friend". Other names like Liáng Tián (梁甜), Xīn Wén (辛文), Yú Déshuǐ (于得水), and Tián Shànglái (田尚来) are homophones of 良田 , 新闻 , 鱼得水 , and 天上来 respectively, and mean "fertile land", "news", "in proper surroundings", and "from the heavens".

It is often difficult to choose names for babies whose family name is Qián (钱), as one would often inadvertently take names that are common and vulgar in meaning. One way to avoid this is to make use of the similarity in pronunciation of 钱 and 前 . For example, the name Qián Wànlǐ (钱万里) is drawn from the phrase qián chéng wàn lǐ (前程万里), which means "having splendid prospects"; Qián Chéngguǎng (钱成广) is derived from qián chéng kuān guǎng (前程宽广), meaning "having a bright future"; Qián Lùpíng (钱路平) means "the road ahead is smooth" which signifies a smooth future.

In short, when choosing a Chinese name, you should do your best to select names that are nice-sounding, easy to remember, and meaningful.

METHODS OF NAMING

I. Naming according to Parents' Expectations

The birth of a baby brings to its parents both joy and plenty of work. They have to nurse it, tend to its daily needs, and also spend time choosing a good name for it. Some parents set about the job even before the baby is born. They look up books and dictionaries and take great pains to search for a good name, in which they attach all their love and expectations for the baby.

Naming a baby according to the expectations of its parents or other senior members of the extended family is a very common practice. As the name stays with a person throughout his life, it serves to remind him all the time of what is expected of him by his parents.*

People with different values, characters, and dispositions have different ideals. The same is true of the parents who place different hopes on their children. Some parents attach great importance to moral accomplishments and consider moral character to be the most important thing in a person. To name their children, they often use words meaning good moral character such as <u>dérén</u> (德仁), <u>xiánlún</u> (贤伦), <u>yùzhēn</u> (玉贞), <u>shūzhēn</u> (淑珍), etc. Some parents value knowledge and wisdom and want their children to be intelligent, diligent, and fond of learning. So they like to choose such words or phrases as <u>zhìruì</u> (智睿), <u>xuéshí</u> (学识), <u>cōnghuì</u> (聪慧), and <u>huìjuān</u> (慧娟) for their children.

Psychologists hold that normal and reasonable expectations are conducive to the healthy development of children. High expectations on the part of parents and teachers usually motivate children to study hard. Students regarded to be intelligent and promising often have confidence and strength, which give them an impetus to achieve good results in their studies. A name carrying high expectations and used repeatedly by parents and friends serves to arouse in the child a sense of ambition and aspiration, and gives him strength to do better.

Generally speaking, parents' expectations of their children fall into the following six categories:

1. Expectation of Moral Accomplishments

2. Expectation of Intelligence and Scholarly Attainments

3. Expectation of Health and Good Looks

4. Expectation of Wealth and Rank

5. Expectation of Safe and Smooth Life

6. Expectation of Independence and Willpower

---

* *Also applicable to the feminine gender.*

We shall discuss each of the categories in detail:

1.   Expectation of Moral Accomplishments

Good moral quality gives a person inner beauty, which manifests itself in a refined and beneficent disposition. In relating with other people, he or she behaves in accordance with principles of "the true, the good and the beautiful". A morally accomplished person is consistent in his noble actions, thus earning the respect and love of others.

There are many Chinese characters having the connotation of morality, such as ǎi (蔼), rén (仁), róng (容), dé (德), xuān (轩), xián (贤), liáng (良), lún (伦), zhèng(正), qīng (清), yì (义), chéng (诚), zhí (直), dào (道), etc. However, just choosing characters that mean high morality does not necessarily give you a good name. What must be considered is how the characters combine to form a name, whether the name chosen goes well with the family name (surname), and whether together they form a full name that is original and shows good taste.

The combination of characters suggesting high morality attached to the family name not only creates a diversity of names but also vests your expectations with profound significance.

Supposing the parents of a baby whose family name is Zhāng (张) want to use the character yì (义) in its name, as they hope the baby will grow up having a sense of righteousness. One method is to give the baby a single-character name. Combined with the family name, the baby is called Zhāng Yì (张义). Alternatively, the given name can be two-characters, in which case, a number of word combinations can be adopted, such as Zhāng Zhìyì (张挚义), Zhāng Xiǎnyì (张显义), Zhāng Lìyì (张立义), Zhāng Yìshēn (张义申) and Zhāng Yìhéng (张义恒).

Zhāng Yì (张义), which carries the meaning of upholding justice, or "<u>shēn zhāng zhèng yì</u>" (伸张正义) in Chinese, is a good name. But as 张 is the third most commonly used family name among the Chinese and 义 is a very common word in the Chinese language, many parents tend to give their children the same name. Having a name which is the same as that of many other people may often cause inconveniences; sometimes it may even be employed by criminals who carry out illegal activities in an assumed name.

For this reason, it is advisable to avoid adopting a single-character name, especially for those people having a popular family name. In Singapore, there are large numbers of people with such family names as <u>Chén</u> (陈) and <u>Zhāng</u> (张). It is particularly important for them to avoid a single-character name that may often be the same as that of many other people.

A two-character name gives you more choices and makes it easier to select names with good meaning. For instance, a man whose family name is Chén wants to give his child a name purporting good moral character. He must first consider words that are homonymous with 陈 , such as 成 , 诚 , 城 , 程 , 承 and their collocations that could convey the meaning of his choice. The name Chén Gōngdé (陈功德) makes use of Chen's homophone 成 that means "become", and combines with the words 功 and 德 . The full name has the meaning: "become a person of merits and virtues". Likewise, the name Chén Xīnkěn (陈心恳) makes use of the association with 诚恳 , which means "sincerity". The name Chén Dé'ēn (陈德恩) means "becoming a person of beneficence and virtue"; Chén Jìshàn (陈继善) means "carrying on the good deeds of one's ancestors". These names all make good use of homophones to create the meaning of a good moral character.

When making use of homophones, care must be taken to avoid

combinations that have a pronunciation similar to or likely to be associated with phrases that are either derogatory or vulgar. Take Chén Rénwēi (陈仁威) for example. The original meaning of 仁威 is "upright and dignified", but when pronounced together with <u>Chén</u>, it is often associated with the idiom <u>chéng rén zhī wēi</u> (乘人之危), meaning "taking advantage of someone's precarious position". The name Chén Jiǔpíng (陈久平) is homonymous with <u>chéngjiǔpíng</u> (盛酒瓶) which means "a wine bottle ". These names may be used by others to make fun of their owners.

Among all Chinese family names, the 19 most common ones are: Lǐ (李), Wáng (王), Zhāng (张), Liú (刘), Chén (陈), Yáng (杨), Zhào (赵), Huáng (黄), Zhōu (周), Wú (吴), Xú (徐), Sūn (孙), Hú (胡), Zhū (朱), Gāo (高), Lín (林), Hé (何), Guō (郭) and Mǎ (马). The first three, Lǐ, Wáng and Zhāng, account for 22.4% of the entire Chinese population. As these family names are shared by a large number of people, it is more important to avoid giving names that are borne by many others. Choosing a two-character name helps reduce the possibility of repeating the names of other people.*

The following are examples of names meaning good moral character for those whose family name is <u>Lǐ</u>:

Male names:

Lǐ Délián (李德琏)	Lǐ Démíng (李德明)	Lǐ Déyuān (李德渊)
Lǐ Huìdé (李惠德)	Lǐ Déjūn (李德君)	Lǐ Dàobó (李道博)
Lǐ Zhèndào (李振道)	Lǐ Zéxián (李泽贤)	Lǐ Qǐxián (李启贤)
Lǐ Shàngxián (李尚贤)	Lǐ Jìlún (李济伦)	Lǐ Shènglún (李胜伦)
Lǐ Wèixìn (李蔚信)	Lǐ Shǒuxìn (李守信)	Lǐ Rénhuī (李仁晖)
Lǐ Rénchāng (李仁昌)	Lǐ Wéishàn (李维善)	Lǐ Jìngshàn (李敬善)
Lǐ Cìxián (李赐贤)	Lǐ Zànxián (李赞贤)	Lǐ Mùyǒu (李沐友)
Lǐ Jìngyǒu (李靖友)	Lǐ Wényǒu (李文友)	Lǐ Zhòngyì (李仲义)

* *Besides the most common family names of Lǐ, Wáng, Zhāng and Liú, the given names suggested in this book may also be combined with other surnames.*

Female names:

Lǐ Zhēnpèi (李贞佩)	Lǐ Zhēnjié (李贞洁)	Lǐ Zhēnxiù (李贞秀)
Lǐ Shūyún (李淑芸)	Lǐ Shūjuān (李淑娟)	Lǐ Shūyí (李淑仪)
Lǐ Shànqīng (李善清)	Lǐ Shàndān (李善丹)	Lǐ Yùjié (李玉洁)
Lǐ Sùbīng (李素冰)	Lǐ Sùfēn (李素芬)	Lǐ Sùqín (李素勤)
Lǐ Àitíng (李爱庭)	Lǐ Àixié (李爱谐)	Lǐ Xiánzhēn (李贤珍)
Lǐ Xiánjìng (李贤静)	Lǐ Xiánzhī (李娴芝)	Lǐ Xiányù (李娴玉)
Lǐ Huìhuá (李惠华)	Lǐ Huìyīn (李惠音)	

2. Expectation of Intelligence and Scholarly Attainments

As a parent, you surely want your children to be intelligent and fond of learning, and would like them to receive college education and get a job with good prospects.

The most common words meaning wisdom and scholarly pursuit are: yǐng (颖), líng (灵), ruì (睿), ruì (锐), zhé (哲), huì (慧), dūn (敦), dí (迪), míng (明), xiǎo (晓), xiǎn (显), xī (悉), xī (晰), wéi (维), xué (学), sī (思), wù (悟), xī (析), wén (文), shū (书) and qín (勤).

Let's take the family name <u>Wáng</u> (王) as an example and see what possible names can be created to embody the expectation of intelligence and scholarly achievements. The first thing to take note of is that 王 and 亡 are homophones; therefore, the words chosen should not acquire a derogatory meaning when read together with 亡 . For example the name Wáng Guórú (王国儒) is similar in pronunciation to 亡国奴 , which means "a conquered people". Care must also be taken to make the family name and given name read together smoothly. The name Wáng Wù (王悟), for instance, is indistinct when pronounced, and Wáng Yíyǐng (王怡颖) sounds like 王一一 and makes it difficult for new acquaintances to grasp and remember.

For those whose family name is <u>Wáng</u> (王), the following names are suggested:

Male names:

Wáng Xuésī	王学思	like to study and think
Wáng Wùwén	王悟文	being quick at acquiring knowledge
Wáng Xiǎnwéi	王显维	having outstanding wisdom
Wáng Qǐdí	王启迪	enlightening and inspiring
Wáng Zhémíng	王哲明	being clear-sighted
Wáng Xīqīng	王晰清	being clearheaded
Wáng Xīruì	王析睿	having a quick and analytical mind
Wáng Sīruì	王思锐	quick-witted
Wáng Dūnruì	王敦睿	intelligent and diligent
Wáng Xiǎnwén	王显文	having outstanding literary talent
Wáng Qínsī	王勤思	sharp-witted

Female names:

Wáng Xiǎohuì	王晓慧	knowledgeable and intelligent
Wáng Hǎidí	王海迪	having a broad and penetrating mind
Wáng Chúnyǐng	王淳颖	having extensive knowledge
Wáng Xuémǐn	王学敏	having a quick mind
Wáng Wénxiù	王文秀	having literary talent and accomplishment
Wáng Wénjǐng	王文景	endowed with superb talent
Wáng Qiǎolíng	王巧灵	clever and dexterous
Wáng Mùsī	王慕思	eager to learn and good at understanding
Wáng Cōngmǐn	王聪敏	intelligent and bright
Wáng Xuéyíng	王学盈	successful and knowledgeable
Wáng Yìdí	王艺迪	artistically accomplished
Wáng Wénxiǎo	王文晓	well versed in all branches of knowledge

3. Expectation of Health and Good Looks

If you are a parent, you will be very pleased to hear your children praised. When people say your son is a handsome young man or your daughter has a beautiful appearance, you are filled with joy in most cases. And your delight in seeing your children grow up in good health is beyond the description of words.

Some people hang pictures of pretty, healthy babies on their walls before their own are born, hoping that they will look like those in the pictures. Many others read books to find out what foods are helpful to the physical and mental development of their babies. Also many parents find pleasure in choosing names for their babies to which they attach their wishes for healthy and good-looking children.

There are numerous Chinese words meaning good health and beauty. Those used to describe male vitality and handsome appearance are: jùn (俊), wēi (威), yīng (英), jiàn (健), zhuàng (壮), huàn (焕), tǐng (挺), shuài (帅), xiù (秀), wěi (伟), wǔ (武), xióng (雄), wēi (巍), sōng (松), bǎi (柏), shān (山), shí (石), etc.

Words used to describe feminine beauty and gracefulness are: chán (婵), juān (娟), jiāo (姣), pīng (娉), tíng (婷), zī (姿), mèi (媚), wǎn (婉), lì (丽), wǔ (妩), měi (美), qiàn (倩), yàn (艳), cǎi (彩), lán (兰), zhī (芝), jú (菊), qióng (琼), shān (珊), jiā (佳), xiá (霞), etc.

Let's take the family <u>Zhāng</u> (张), for example, to select names meaning good health and looks. Generally speaking, a two-character given name has a richer meaning than one with a single-character, and there is less chance of it being confused with the names of other people. Single-character names like Zhāng Yīng (张英), Zhāng Wǔ (张武), Zhāng Jiàn (张健) and Zhāng Lì (张丽) are common and easy to remember, but they only convey simple meanings and are often shared by many other people.

The following are good names for males whose family name is Zhāng (张).

Zhāng Wěi'àn	张伟岸	tall and of powerful build
Zhāng Xiùhuàn	张秀焕	handsome and spirited
Zhāng Bǎiwēi	张柏威	sturdy as a cypress tree
Zhāng Jùnshēng	张俊生	a handsome youth
Zhāng Shuàijié	张帅杰	exceptionally good-looking
Zhāng Jùndá	张俊达	graceful and chivalrous
Zhāng Yīngháo	张英豪	handsome and unrestrained
Zhāng Jùnqīng	张俊清	delicately good-looking
Zhāng Wěiliàng	张伟亮	tall and robust
Zhāng Jiànyì	张健奕	handsome and full of vitality
Zhāng Wēimíng	张威明	sturdy and elegant
Zhāng Tǐngxiù	张挺秀	refined and forceful
Zhāng Sōnglì	张松立	upright as a pine tree
Zhāng Shuàihuī	张帅辉	handsome and chivalrous

The following are good names for females:

Zhāng Fāngtíng	张芳婷	graceful and poised
Zhāng Miàoyù	张妙玉	pretty as fine jade
Zhāng Jìngwǎn	张静婉	delicate and refined
Zhāng Jiàngwǔ	张绛妩	having lovely posture
Zhāng Lìnà	张丽娜	a beautiful lady
Zhāng Cǎifèng	张彩凤	pretty as a phoenix
Zhāng Lánzhī	张兰芝	as beautiful as orchid and iris
Zhāng Qiūjú	张秋菊	as exquisite as chrysanthemum
Zhāng Língbō	张凌波	graceful as if treading on waves

Zhāng Bīngjié	张冰洁	as pure as ice crystal
Zhāng Báilián	张白莲	pure and pretty like a white lily
Zhāng Shānshān	张珊珊	dazzling beauty
Zhāng Xiùwén	张秀文	elegant and gentle
Zhāng Xuěméi	张雪梅	delicate as plum blossoms in the snow

To give expression to female beauty and elegance, you should choose names that are refined and unconventional. For instance, names like Zhāng Chūnhuā (张春花), Zhāng Húdié (张蝴蝶), Zhāng Júhuā (张菊花) and Zhāng Mǎnxiāng (张满香) show poor taste, as the meanings conveyed are too direct. By changing Júhuā (菊花) to Qiūjú (秋菊), Húdié (蝴蝶) to Mèngdié (梦蝶), Mǎnxiāng (满香) to Yǎxiāng (雅香) and Chūnhuā (春花) to Chūnfāng (春芳), you will make these names more refined compared with the original ones.

4.   Expectation of Wealth and Rank

Like many parents, you may cherish the ardent hope that your children will grow up to be rich and successful. Therefore, you may want to choose names denoting wealth and splendour. By doing so you will probably run a risk of giving names that are common and vulgar. But if you give the matter a little more thought and select words that are more subtle in meaning, you are likely to have good names.

In college, I had many classmates coming from rural areas who were given "materialistic" names by their parents. Most of the male names include words like fù (富), guì (贵), qián (钱), cái (财) while most of the female names carry such words as shū (淑), xián (贤), chūn (春) and huā (花). Some of the men's names are Fāng Chéngguì (方承贵), Zhāng Défù (张得富), Zhāng Zhìfù (张致富), Liú Róngguì (刘荣贵), Chén Fùzú (陈富足), Lǐ Xīngcái (李兴财), Yú Wàngguì (余旺贵), to name a few. These names were very common among rural people in those years, as they embodied the wish to "do away with poverty and become rich". Now times have changed, so these names are considered to be too blunt.

Instead of directly using the words guì (贵), fù (富), qián (钱), cái (财), you can use other words that convey the meaning of "high position and great wealth". Words expressing the meaning of 贵 (high rank) include: dá (达), yào (耀), xīng (兴), róng (荣), huá (华) and wàng (旺). Words expressing the meaning of 富 (rich) and 财 (wealth) include: yíng (盈), fēng (丰), yú (余), chāng (昌) and shèng (盛).

Let's take the family name <u>Liú</u> (刘) for example. The following male names express the wish for wealth and rank:

Liú Dájiāng	刘达江	attaining great wealth and high honour
Liú Yàoshān	刘耀山	achieving great honour
Liú Xīnróng	刘欣荣	bringing prosperity to the family
Liú Xīngbāng	刘兴邦	to make the nation strong
Liú Shuòwàng	刘朔望	full as the new moon
Liú Fēngyíng	刘丰盈	affluence
Liú Chānghǎi	刘昌海	thriving like the sea
Liú Xīngshèng	刘兴盛	prosperous and flourishing

Words often used in female names to express the wish for wealth and rank include: jīn (金), yù (玉), yín (银), zhū (珠), qióng (琼), yáo (瑶) and bì (碧). Some parents like to use names like Jīnzhī (金枝), Yùyè (玉叶), Yínhuán (银环), Bǎozhū (宝珠) and Jiāzhēn (家珍) to express the idea that their daughters are predestined to be rich. But the popularity of these names results in many girls having the same name. Bǎozhēn (宝珍) and Bǎozhū (宝珠) are the two female names most commonly used. To avoid using words like 宝 and 珠 , 玉 and 珍 , 金 and

银 together, you should adopt a varied collocation of the words. For instance, Mànyù (曼玉), Qízhēn (琦珍), Jīnlián (金莲), Yínwán (银婉), Xīnzhū (馨珠), Pèiyù (佩玉) and Míngzhū (明珠) are all good names for girls that can express your wish for a prosperous life for your daughters.

The following are more names for girls whose family name is <u>Liú</u> (刘):

Liú Yínfēi (刘银飞)　　Liú Yínyuè (刘银月)　　Liú Yínqí (刘银祺)
Liú Yínwǎn (刘银婉)　　Liú Yínhú (刘银湖)　　Liú Bìyù (刘碧玉)
Liú Pèiyù (刘佩玉)　　Liú Huìyù (刘惠玉)　　Liú Yùqīng (刘玉清)
Liú Yùwèi (刘玉蔚)　　Liú Qínyù (刘芩玉)　　Liú Yùyǐng (刘玉影)
Liú Xīnzhū (刘馨珠)　　Liú Xuězhū (刘雪珠)　　Liú Ruǐzhū (刘蕊珠)
Liú Míngzhū (刘明珠)　　Liú Wénzhū (刘文珠)　　Liú Wǎnzhū (刘晚珠)
Liú Yúnzhū (刘云珠)　　Liú Jīnqiū (刘金秋)　　Liú Jīnlíng (刘金铃)
Liú Hánmèi (刘含媚)　　Liú Jīntíng (刘金婷)　　Liú Jīnlín (刘金琳)
Liú Xiǎojīn (刘筱金)

5. Expectation of Safe and Smooth Life

Some parents feel that wealth and rank are as transient as fleeting clouds. They prefer to see their children grow up in safety and live their lives without a hitch. Therefore, words meaning safety and a smooth life are often used in the names they give their babies. The most common words denoting these concepts are píng (平), ān (安), jìng (静), shùn (顺), tōng (通), tǎn (坦), tài (泰), rán (然), níng (宁), dìng (定), wěn (稳), hé (和), kāng (康), etc.

If you want to give your son a name symbolizing safety and a smooth life, you can make a selection from the following:

Ānjìng (安靖)　　Ānníng (安宁)　　Ānlán (安澜)　　Āntài (安泰)

Ānshēng (安生)　　Ānrán (安然)　　Píngzhì (平治)　　Píngkāng (平康)

Chéngpíng (承平)　Qīngpíng (清平)　Pínghé (平和)　　Pínghuái (平怀)

Yǔpíng (羽平)　　Yǒngpíng (永平)　Píngxuān (平轩)　Zhòngpíng (仲平)

Jìng'ān (静安)　　Jìngbō (静波)　　Zǐjìng (子静)　　Hépíng (和平)

Héshùn (和顺)　　Xiéhé (谐和)　　Pínghé (平和)　　Hédào (和道)

Hénghé (恒和)　　Guǎnghé (广和)　　Hénghé (衡和)　　Tiāntǎn (天坦)

Tǎnrán (坦然)　　Zhèngtǎn (正坦)　　Tǎnchuān (坦川)　Tǎnquán (坦泉)

Tǎntōng (坦通)　　Tǎnbó (坦博)　　Kāngtǎn (康坦)　　Tǎnchéng (坦程)

Tǎnsī (坦思)　　Fútǎn (福坦)　　Tàikāi (泰开)　　Tàidìng (泰定)

Tàilài (泰来)　　Tàirú (泰如)　　Tài'ān (泰安)　　Tàinán (泰南)

Shùnxuān (顺轩)　Shùntōng (顺通)

The following are female names with similar connotation:

Āntián (安恬)　　Ānqiàn (安倩)　　Ānmì (安谧)　　Cénjìng (岑静)

Tiánjìng (恬静)　Jìngyǐng (静影)　Yǎpíng (雅平)　　Yànpíng (燕平)

Jìngpíng (静平)　Yíngpíng (盈平)　Chūnpíng (春平)　Píngqí (平淇)

Yínpíng (银平)　　Yuèníng (月宁)　Wénníng (雯宁)　Měiníng (美宁)

Píngníng (萍宁)　Qiūníng (秋宁)　Chǔníng (楚宁)　Shūníng (舒宁)

Huìníng (蕙宁)　　Ānqí (安琪)　　Ānxiù (安秀)　　Ānyù (安玉)

Ānjuān (安娟)　　Ānyí (安仪)　　Ānhuì (安慧)　　Ānqīng (安清)

There are many more such names for you to choose from. What needs to be taken into consideration is whether these names sound harmonious when they are pronounced together with your family name. For instance, for those whose family name is <u>Lín</u> (林), names like Lín Ānpíng (林安平), Lín Qīngpíng (林清平), Lín Tǎnrán (林坦然), etc. have pleasant sounds; but names like Lín Nínglíng (林宁玲), Lín Níngqīng (林宁清), Lín Yíngníng (林盈宁) and Lín Yínníng (林银宁) would be difficult to pronounce because the sounds *lin* and *ning* are very close, in which case, when the characters are read together, they sound like a string of *ling's*.

It is not easy to find good names for those whose family name is <u>Wú</u> (吴), for many characters when combined with *wu* would become phrases with a derogatory sense. There was once a dashing young man called Wú Shìpíng (吴事平) who was ambitious and worked very hard. But every time he tried to achieve something, his efforts ended in failure. The puzzled young man racked his brains to find out the reason; then, it hit upon him that it was all because of his name, which meant "all his endeavours result in mediocrity". He decided to change his name to Déshèng (得胜), which means "win success". But success still did not come his way. The young man went to ask a fortune-teller what was wrong with him. The fortune-teller asked him what his name was. He answered : "Wu." The man laughed and said: "Wu Desheng, you have no chance of success." As 吴 sounds like 无 , which means "no" or "without", his new name means "no chance of success".

This, of course, is just a story, but it shows that when 吴 is combined with other words, it often gives them a negative meaning. To prevent this from happening, it is advisable that you apply the principle of "double negatives". That is, negative plus negative becomes positive. For instance, Tiānxiǎn (天险) means "natural barrier", which has an inauspicious meaning; but when combined with *wu*, it would mean "there's no barrier". Wú Bōtāo (吴波涛), Wú Dí (吴敌), Wú Kěnán (吴可难), Wú Cèyún (吴测云), Wú Píngbó (吴萍泊), Wú Píngjì (吴萍寄) and Wú Jì (吴寂) all use the same principle to achieve the meaning of safety and a smooth life.

6. Expectation of Independence and Willpower

Many parents wish that their children will be independent, hardworking, persevering, and have strong willpower. The following are words used to indicate integrity and willpower: yì (毅), dú (独), gāng (刚), qiáng (强), héng (衡), rèn (韧), héng (恒), jiān (坚), lì (力), jué (决), dìng (定), lì (立), zhǔ (主), zhì (志), yì (意), zì (自), etc. These words are mostly used in the names of male babies, but some parents want their daughters to have strong character and choose names that embody masculine traits. We are going to discuss such cases in the later chapters.

The following are names which you may choose to satisfy your expectation for independence and willpower:

Yìqiáng (毅强)	Yìhuī (毅辉)	Yìzhēn (毅桢)	Yìlì (毅立)
Yìhéng (毅衡)	Yìshí (毅石)	Shàngyì (尚毅)	Chāoqiáng(超强)
Xuānyì (宣毅)	Yìruì (毅锐)	Lìzhōng (立中)	Lìxué (立学)
Lìdān (立丹)	Lìyán (立言)	Zhìwěi (志伟)	Zhìshuò (志铄)
Zhìjiān (志坚)	Zhìchāng (志昌)	Zhìhào (志浩)	Zhìzhāo (志昭)
Jiānyì (坚翼)	Jiānyú (坚瑜)	Jiānzhí (坚执)	Jiānwéi (坚维)
Jiānbīng (坚冰)	Jiānyán (坚岩)	Gāngzhèng (刚正)	Gāngjùn (刚骏)
Gāngrèn (刚韧)	Gānghéng (刚衡)	Gāngjiàn (刚健)	Lìyán (立衍)
Lìxíng (立行)	Lìxìn (立信)	Lìmíng (立铭)	Héngzhù (恒铸)
Hénglì (衡励)	Héngjìn (衡进)	Héngxīn (恒心)	Hónglì (鸿力)
Zhìlì (致力)	Xiǎnlì (显力)	Yìjué (毅诀)	Xiānjué (先决)
Yǒngjué (勇决)	Zìruò (自若)	Zìxīn (自新)	Zìchéng (自成)
Dúróng (独荣)	Dúlì (独立)	Dúxiù (独秀)	Dúchāng (独昌)
Dúshùn (独顺)	Zhìqiú (致求)	Zhìyī (致一)	Zhìchāo (致超)
Zhìjīng (致精)	Chílì (持立)	Chíjiàn (持建)	Chíqín (持勤)
Chízhì (持志)	Chífāng (持方)		

Some parents think that since life is not always smooth sailing, girls should be strong in character. They are afraid that girls who are meek and mild would not be able to face up to difficulties and adverse circumstances, and thus end up in suffering and misery. Therefore, they give them masculine names in order to cultivate in them strong willpower like boys. Many strong women in Chinese history have names that usually belong to men. For instance, the beautiful Han woman who heroically married the king of the Huns, was named Wáng Zhāojūn (王昭君). 君 is a word used to address a man. The famous woman movie director Xiè Cǎizhēn (谢采真), the first Chinese woman chess master Xiè Sīmíng (谢思明), world track-and-field champion Xú Yǒngjiǔ (徐永久), and the first woman martyr in the Chinese democratic revolution Qiū Jǐn (秋瑾) all have names that convey the meaning of firmness and determination. The masculine names were probably chosen by their parents as an expression of what they expected of their daughters.

Besides the above-mentioned six methods of naming, there is a somewhat unusual way in which you can choose names, that is, to do it according to your dreams. Some parents believe that dreams are propitious, especially an auspicious dream they have had before the child is born. It is taken to be an indication that the baby is different from others. By naming the baby according to their dream, they hope that the baby has good luck throughout its life.

There are many stories in Chinese history about parents naming their children according to dreams. Yuè Fēi (岳飞), the famous Song Dynasty general, was named "Fēi" (飞), which means "fly" in Chinese, because his mother dreamed that a roc flew to her house and perched on the beam. He also styled himself Péngjǔ (鹏举) as péng (鹏) is the Chinese character for roc. Xiǎn Xīnghǎi (冼星海), the well-known composer, also got his name from a dream. His mother dreamed that a comet dropped into the sea, and she and her baby son fished it out. When the baby was born, she named him "Xīnghǎi" by combining the character 星 which means "star" and the character 海 , which means "sea".

Names are chosen only according to auspicious dreams, not nightmares. People may ask: "Why can't we use poison as an antidote for poison?" For instance, if someone dreams of a flood, why can't he name his child Hóngxī (洪息), which means "the flood subsides"? To me, choosing names this way will remind the person of the unpleasant event of the dream and make him feel insecure.

When choosing a name according to a good dream, the emphasis should be on what the dream signifies, not on the actual object dreamed of. For example, a mother dreaming of an ox ploughing the field views this as a good omen and calls her son Niúgēng (牛耕), which means "an ox ploughing the field". The name is very direct and lacks good taste. If changed into Qíngēng (勤耕) or Gēngyún (耕耘), the name would not only be related to the dream but also be endowed with deeper meaning.

Some parents who dreamed of a dragon (龙), a bear (熊), a flower (花), or a butterfly (蝶), would often hasten to name their children by prefixing the character mèng (梦) meaning "dream" to the object they dreamed of and call them Mènglóng (梦龙), Mèngxióng (梦熊), Mènghuā (梦花) and Mèngdié (梦蝶). When people hear these names, they immediately know that they originate from dreams. The names so originated can be given a variety of meanings by using association and imagination.

For instance, when you dream of a <u>dragon</u>, you can choose names like: Wénlóng (文龙), Lóngfēi (龙飞), Xiánglóng (祥龙), Zǐlóng (子龙), Yúnlóng (云龙), Ténglóng (腾龙), Yìlóng (熠龙), Dānlóng (丹龙), Lóngfēi (龙霏), Yuānlóng (渊龙), Yǎnglóng (仰龙), Huìlóng (会龙), etc.

When dreaming of a <u>flower</u>, you can choose such names as Huāyǐng (花影), Xīnxiāng (馨香), Yíngxiāng (迎香), Měiyí (美仪), Yànqīng (艳清), Ruǐyíng (蕊盈), Huāyìng (花映), Yìngxiá (映霞), Fēnfāng (纷芳), Jǐnghuá (景华), etc.

When the dream is about a <u>mountain</u>, names that can be chosen include: Língyún (凌云), Língfēng (凌峰), Sōngshān (松山), Yuǎnshān (远山), Qīngshān (清山), Shānlǎn (山览), Qīngluán (青峦), Shānqǐ (山启), Shāndí (山迪), etc.

If the dream is about a <u>river</u>, the following names can be adopted: Chāngliú (昌流), Rùnzé (润泽), Sùyuán (溯源), Zīshēng (滋生), Lìcāng

(立沧), Chuānliú (川流), Hàohàn (浩瀚), Hàobō (浩波), Pèijīn (沛津), Pèihǎi (沛海), etc.

When the dream is about <u>wealth</u>, you might try the following male names: Ruìzhào (瑞兆), Xiángyù (祥裕), Huìmǎn (惠满), Chángfēng (常丰), Shuòkūn (硕坤), Fēnglóng (丰隆), etc; and female names such as: Jīnqí (金祺), Ānqí (安琪), Pèizhēn (佩珍), Yínyàn (银燕), Yīnróng (殷蓉), Gānyí (甘怡), Tiánzhēn (甜珍), etc.

Good names with profound meanings can be created if you are good at making use of auspicious dreams and using them with associations.

II. Naming according to Seniority among Siblings

Ever since ancient times, some Chinese families have been cherishing the tradition of giving names by the specific naming method that was handed down from generation to generation. Whenever a baby is born in the family, it is named according to the method chosen by its ancestors. In some families names are chosen even for the members of future generations. So, when a baby is born, all its parents have to do is refer to the family genealogy record and find the name already chosen for it according to what generation and what branch of the family the baby belongs to. This tradition was formed to ensure the unity of the family and maintain its prosperity and continuity.

There was in history a scholarly family named <u>Chén</u> (陈), in which names had been chosen for all those to be born in the family for many generations to come. In one generation, all the male names were to include the word <u>wén</u> (文) and all female names the word <u>shū</u> (淑). The last word of the siblings' names will be combined to form a meaningful phrase. This method of naming was adopted to show that this family was not an ordinary one. The patriarch of the family had two sons and two daughters, who were named Wénzhì (文治), Wénbāng (文邦), Shū'ān (淑安) and Shūjiā (淑 家). When put together, the last characters of their names formed the phrase 治邦安家 , which means "govern the country and give the family peace and security". The descendants of the Chen family were all named according to the same principle.

Today people may not have the conventional idea of continuing the family line as in the old days, nor do they attach so much importance to the order of seniority in the clan. However, in a nuclear family, parents still want to give their children good, unconventional names that are related in meaning according to their seniority among brothers and sisters. These names also serve to show the fraternal ties and feelings of siblings.

Some methods are commonly used in naming children according to their seniority among siblings. They are:

1. Siblings having one character in common
2. Siblings using characters from the same phrase
3. Siblings using parts from one character
4. Siblings using characters with the same radical
5. Siblings using synonyms or antonyms

1. Siblings having one character in common

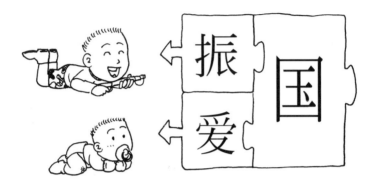

The first method applies only to two-character names, in which one is shared by all siblings. For instance, Liú Zhìjiān (刘志坚) and Liú Zhìgāng (刘志刚) are brothers. Both given names begin with the character 志 . Zhāng Zhènguó (张振国) and Zhāng Àiguó (张爱国) are brothers; both names end with the character 国 .

Generally speaking, when siblings share one word, their names have something in common either in meaning or in nature. Chén Jiànwěi (陈健伟) and Chén Jiànjùn (陈健俊) are brothers. Their names not only share the word 健 but also have the same meaning of physical grace and fitness. Lǐ Chūnlán (李春兰), Lǐ Chūnfāng (李春芳) and Lǐ Chūnyǔ (李春雨) are sisters. Their names share the word 春 , which means "spring", and the other three words mean "orchid", "fragrance" and "rain" respectively. All three names convey the sense of "a world brimming with life in spring".

If you expect your children to achieve moral integrity, you can choose one of the characters representing good moral character as the common word in their names. For instance, using the word lún (伦), the sons can be named Chānglún (昌伦), Jìnglún (敬伦), Zhānglún (彰伦), Jǐnlún (锦伦), Wěilún (伟伦) or Dàolún (道伦); and the daughters' names can be Huìlún (蕙伦), Pèilún (佩伦), Miàolún (妙伦), Měilún (美伦), Bìlún (碧伦), Yīnglún (英伦) or Fānglún (芳伦). If the common word is 友 , the boys can be called Yǒuhé (友和), Yǒuguǎng (友广), Yǒumíng (友铭), Yǒuchéng (友诚), Yǒuxiáng (友祥), Yǒubó (友博), etc; and the girls can be called Yǒuqí (友琦), Yǒunán (友南), Yǒuzhēn (友珍), Yǒuqīng (友青), Yǒuqín (友琴) or Yǒuyí (友怡).

Parents who expect their children to be intelligent can choose one of the words meaning intelligence. If the word chosen is dí (迪), boys can be called Hǎidí (海迪), Xīngdí (星迪), Shāndí (山迪), Quándí (泉迪), Chándí (禅迪), Kǎidí (凯迪), Shūdí (书迪) or Chéndí (晨迪), and girls can be called Méidí (梅迪), Chūndí (春迪), Qiūdí (秋迪), Xiádí(霞迪), Xīdí (茜迪), Yàndí (燕迪), Yúndí (云迪) or Wéndí (文迪). Using the word huì (慧) as the common word, sons can be named Huìzhé (慧哲), Huìsī (慧思), Huìwù (慧悟), Huìyuān (慧渊), Huìshèng (慧圣), Huìchéng (慧成) or Huìhóng (慧鸿), and daughters can be named Huìfāng (慧芳), Huìqín (慧琴), Huìwén (慧雯), Huìlì (慧丽) or Huìměi (慧美).

If you hope your children will attain wealth and high position, you can choose words that express this wish. Having the character jīn (金) in mind, you can name your sons Jīnyuán (金源), Jīnxiáng (金祥), Jīnhǎi (金海), Jīnquán (金泉), Jīnhuá (金华) or Jīnbǎo (金葆), and your daughters, Jīnyè (金烨), Jīnfèng (金凤), Jīnlín (金琳), Jīnlì (金莉), Jīnwén (金雯) or Jīnyè (金叶). Choosing the word xīng (兴), you can have names like Xīngbāng (兴邦), Xīngdé (兴德), Xīngwàng (兴旺), Xīngyào (兴耀), Xīngdá (兴达), Xīnglián (兴莲), Xīndá (兴妲), Xīngxián (兴娴), Xīngxiù (兴秀), Xīngshān (兴珊) and Xīngtíng (兴婷).

Parents who expect their children to grow up in safety and peace can choose words meaning peace, safety and smooth life. If they choose the word píng (平), they can give such names as Qīngpíng (清平), Ānpíng (安平), Yǒngpíng (永平), Yǔpíng (羽平), Yǎpíng (雅平), Yànpíng (燕平), Jìngpíng (静平) and Yínpíng (银平). And using the word ān (安), the children can have names like Āntài (安泰), Ānrán (安然), Ānshēng (安生), Ānlán (安澜), Āntián (安恬), Ānqiàn (安倩), Ānpíng (安萍) and Ānjuān (安娟).

Some parents prefer to use words different in nature and meaning for their male and female offsprings, for they think boys and girls have different dispositions and temperaments, so, as parents, they should have different expectations of them. Therefore, they choose one word for the boys and another word for the girls. For instance, they may use a word meaning independence and willpower for their sons, and name them Lìdá (立达), Lìpéi (立培), Lìhéng (立衡), Lìtāo (立涛) and Lìyún (立云); and use a word meaning elegance and gracefulness for their daughters and call them Yǎzhì (雅致), Yǎyí (雅仪), Yǎqín (雅琴), Yǎyíng (雅盈) and Yǎtián (雅甜). This method has a lot of flexibility and is very easy to use.

2. Siblings using characters from the same phrase

Many parents think it is worthwhile spending time selecting names for their children before they are born. When the babies grow up they will understand more and more deeply their parents' expectations expressed in their names. By taking apart phrases and idioms, parents can find original and meaningful names for their children that leave a deep impression on people.

Parents who wish to have two children can separate a two-character phrase into two single-character names, or separate a four-character idiom into two two-character names. The following are some examples:

Zhāng Xīnxīn (张欣欣), Zhāng Xiàngróng (张向荣) — " 欣欣向荣 ", meaning "prosperous";

Zhāng Shū (张书), Zhāng Jí (张籍) — " 书籍 ", which means "books";

Zhāng Yǔ (张宇), Zhāng Zhòu (张宙) — " 宇宙 " , which means "universe";

Lǐ Zhēn (李珍), Lǐ Bǎo (李宝) —" 珍宝 ", which means "treasures";

Lǐ Guāng (李光), Lǐ Míng (李明) — " 光明 ", which means "light";

Lǐ Rénzhòng (李仁重), Lǐ Dàoyuǎn (李道远) — " 任重道远 ", which means "shouldering great responsibilities";

Liú Liáng (刘良) and Liú Yuán (刘缘) — " 良缘 ", which means "a happy match";

Liú Yángchūn (刘阳春) and Liú Báixuě (刘白雪) —" 阳春白雪 ", meaning "spring snow";

Liú Ānjiā (刘安家), Liú Lìyè (刘立业) —" 安家立业 ", which means "establish home and career";

Zhào Bìxuě (赵碧雪), Zhào Dānxīn (赵丹心) —" 碧血丹心 ", which means "loyal-hearted";

Zhào Kǎi (赵凯), Zhào Gē (赵歌) —" 凯歌 ", which means "song of triumph";

Zhào Jǐnxiù (赵锦秀), Zhào Héshān (赵河山) —" 锦绣河山 ", which means "a land of splendours";

Wáng Chén (王晨), Wáng Guāng (王光) — " 晨光 ", which means "the light at dawn";

Wáng Léi (王雷), Wáng Yǔ (王雨) — " 雷雨 ", which means "thunderstorm";

Wáng Huāhǎo（王花好）, Wáng Yuèyuán（王月圆）—"花好月圆"
meaning "perfect conjugal bliss";

Zhōu Jīnkē（周金科）, Zhōu Yùlǜ（周玉律）—"金科玉律", which means
"infallible law";

Zhōu Shān（周山）, Zhōu Shuǐ（周水）—"山水", which means "mountains
and waters";

Zhōu Qiánchéng（周前程）, Zhōu Wànlǐ（周万里）"前程万里", which
means "bright prospects".

Parents who wish to have three children can select a three-character
phrase and use each word to name each of the children. For instance:

Zhōu Xíng（周行）, Zhōu Wàn（周万）, Zhōu Lǐ（周里）—"行万里",
which means "go ten thousand miles";

Féng Ān（冯安）, Féng Rú（冯如）, Féng Shān（冯山）—"安如山", which
means "firm as a mountain";

Lín Cháng（林常）, Lín Qīng（林青）, Lín Téng（林藤）—"常青藤",
which means "evergreen ivy";

Fāng Qiū（方秋）, Fāng Hǎi（方海）, Fāng Táng（方棠）—"秋海棠",
which means "begonia".

In order to avoid having the same single-character name as other people,
we can add one common word to the names of siblings and change them
into two-character names. For instance:

Hé Wénshān（何文山）, Hé Wénchuān（何文川）, Hé Wénxiù（何文秀）
—"山川秀", which means "beautiful landscape";

Hé Guǎngchéng (何广成), Hé Guǎngmíng (何广名), Hé Guǎngzuò (何广作) —" 成名作 ", which means "the work that makes a name for the author";

Yáng Yùpǐn (杨玉品), Yáng Yùdé (杨玉德), YángYùjiā (杨玉佳) —" 品德佳 ", which means "good moral character";

Gāo Míngdìng (高明定), Gāo Míngqián (高明乾), Gāo Míngkūn (高明坤) —" 定乾坤 ", which means "conquering the world";

Mǎ Zhīchūn (马知春), Mǎ Zhīyì (马知意), Mǎ Zhīnóng (马知浓) —" 春意浓 ", which means that "spring is in the air";

Xiè Tiānjīn (谢天金), Xiè Tiānshí (谢天石), Xiè Tiānkāi (谢天开) —" 金石开 ", meaning "sincerity that even makes metal and stone move";

Liáng Yīngxuě (梁英雪), Liáng Yīngzhōng (梁英中), Liáng Yīngméi (梁英梅) —" 雪中梅 ", which means "plum blossom in the snow".

Alternatively, we can put the common word at the end of the names like the following:

Chén Yuèyīn (陈月音), Chén Guāngyīn (陈光音), Chén Míngyīn (陈明音) —" 月光明 ", which means "bright moonlight";

Lí Yǒngmíng (黎永明), Lí Xiàngmíng (黎向明), Lí Qiánmíng (黎前明) —" 永向前 ", meaning "ever marching forward";

Yú Héqìng (余合庆), Yú Jiāqìng (余家庆), Yú Huānqìng (余欢庆) —" 合家欢 ", which means "a happy family reunion";

Yáng Tiānpíng (杨天平), Yáng Zhīpíng (杨之平), Yáng Jiāopíng (杨娇平) —" 天之骄 ", which means "an unusually lucky person".

Parents who wish to have four children can take four-character phrases and use each word to name a child as in Zhāng Jǐn (张锦), Zhāng Xiù (张绣), Zhāng Qián (张前), Zhāng Chéng (张程), which form the idiom " 锦绣前程 " (meaning "a glorious future"); and Yáng Rèn (杨任), Yáng Zhòng (杨重), Yáng Dào (杨道), Yáng Yuǎn (杨远), which form the idiom " 任重道远 " (meaning "having great responsibilities"). More variety and meaning can be achieved by adding a common word to each of the names as in the following examples:

Liú Wényǒu (刘文友), Liú Wényì (刘文谊), Liú Wéncháng (刘文长), Liú Wéncún (刘文存) —" 友谊长存 ", which means "everlasting friendship" ;

Fāng Qīngfēng (方清风), Fāng Qīnghuá (方清华), Fāng Qīngzhèng (方清正), Fāng Qīngmào (方清茂) —" 风华正茂 ", meaning "in the prime of life";

Jiǎng Yúnlóng (蒋云龙), Jiǎng Yúnfēi (蒋云飞), Jiǎng Yúnfèng (蒋云凤), Jiǎng Yúnwǔ (蒋云舞) —" 龙飞凤舞 ", which means "lively and vigorous like dragons flying and phoenixes dancing";

Chén Shānjié (陈山洁), Chén Gāojié (陈高洁), Chén Shuǐjié (陈水洁), Chén Chángjié (陈长洁) — " 山高水长 ", which means that "the mountains are high and the rivers long", literally "a long distance";

Xǔ Yángqīng (许阳清), Xǔ Chūnqīng (许春清), Xǔ Báiqīng (许白清), Xǔ Xuěqīng (许雪清) —" 阳春白雪 ", meaning "highbrow art and literature";

Zhào Jīnpíng (赵金平), Zhào Bìpíng (赵碧平), Zhào Huīpíng (赵辉平), Zhào Huángpíng (赵煌平) —" 金碧辉煌 ", which means "resplendent and magnificent".

While selecting phrases to be used in the ways mentioned above, you should make sure that you take the phrases that express your expectations of your children, and note the gender difference in the choice of characters.

It is important to take into account the characteristics of the sex. For instance, <u>zhi gāo yì jié</u> (志高毅杰) is a good phrase for expressing the parents' wish that their children will have a noble character. However, if the parents of three daughters and one son use this phrase and name their children Sūn Yīzhì (孙一志), Sūn Yīgāo (孙一高), Sūn Yīyì (孙一毅) and Sūn Yījié (孙一杰) respectively, people who do not know the family very well will think there are at least three boys. Therefore, unless the parents want to give their daughters masculine names, they should select a phrase that suits both sexes. The above-mentioned family can take the phrase <u>yì zhì líng yún</u> (意志凌云), which has similar meaning, and name the three girls Sūn Nányì (孙南意), Sūn Nánlíng (孙南凌), Sūn Nányún (孙南云) and the boy, Sūn Nánzhì (孙南志).

Some readers may ask: Since I have no way of knowing the sex of the baby before it is born, how can I select a phrase at the birth of my first child that will be suitable for my unborn children?

One possible solution is to choose a phrase with no gender connotation; that is, the words can be used for both boys and girls. The following are some examples:

bì xuě dān xīn	碧血丹心	loyal-hearted
jiāng hé cháng liú	江河长流	an ever-flowing river
wàn mù cháng qīng	万木长青	evergreen
xīn chéng yì zhēn	心诚意真	utmost sincerity
yǒng bǎo qīng chūn	永葆青春	forever young
wénmíng	文明	civilized
wénhuà	文化	culture
hǎitāo	海涛	sea waves
píng'ān	平安	safe and sound
zhìhuì	智慧	wisdom
cōngming	聪明	intelligent
píng bù qīng yún	平步青云	have a meteoric rise

míng chá qiū háo	明察秋毫	being perceptive of the minutest detail
wàn gǔ liú chuán	万古流传	achieving immortal fame
wēn gù zhī xīn	温故知新	gaining new knowledge by reviewing old
shén cǎi fēi yáng	神采飞扬	glowing with joy and vigour
zháoyáng hóng	朝阳红	the bright rising sun
wànniánqīng	万年青	forever green
qiūhǎitáng	秋海棠	begonia
língyún zhì	凌云志	having lofty aspirations
xīngguāng zhào	星光照	under the starlight
hè xīnchūn	贺新春	New Year's greetings
báirúbīng	白如冰	white as ice
tiānlún lè	天伦乐	family happiness

Another solution is using a word that has the connotation of male virility for the boys and one with the connotation of female gentleness for the girls. Supposing the parents have chosen the phrase 凌云志 to name the three children they plan to have. Their first child, a boy, is called 健凌 ; then, they can decide to use 健 as the common word for boys and 霞 for girls. Hence, they have the male names 健云 and 健志 and the female names 云霞 and 志霞 to choose from when the next two babies are born.

3.   **Siblings using parts from the same character**

In order to show the close fraternal ties among siblings, parents can choose one word and use its component parts to name their children. By doing so, they mean that the siblings are "united as one". For instance, the character 钟 can be divided into 金 and 中 , and the two children in the 谢 family can be called 谢金 and 谢中 . The character 雷 can be separated into two parts 雨 and 田 , and the two boys in the 周 family then get the names 周雨 and 周田 . The character 晏 can be divided into 日 and 安 and used to form the names of 赵日 and 赵安 . The word 泉 can be divided into 白 and 水 and used in the names 张白青 and 张水青 . The word 韶 can be divided into 音 and 召 and used in the names 刘知音 and 刘知召 .

The word 翼 can be divided into 羽 , 田 and 共 and used to name the three children: 梁羽友 , 梁田友 and 梁共友 . The character 湖 that is composed of the three parts 水 , 古 and 月 can give the three children in the 方 family the names: 方小水 , 方小古 and 方小月 . The character 璋 is made up of 王 , 立 and 早 , and they can be used in the names 苏宪王 , 苏宪立 and 苏宪早 .

Words with more strokes can be divided into more parts. For example, 藻 consists of four parts: 草 , 水 , 品 and 木 , and the four children in the 孙 family can be named: 孙祥草 , 孙祥水 , 孙祥品 and 孙祥木 respectively. The word 憧 can be divided into 心 , 立 , 童 and 里 . The brothers and sisters in the 孔 family can be called 孔心维 , 孔立维 , 孔童维 and 孔里维 .

This is a skilful method that involves some difficulty, because not all words can be separated into parts that stand as independent words. Some can be divided into separate words, but they do not necessarily have good meaning or can be used in names. The more siblings there are in the family, the more difficult it is to use this method of naming. It is easier to separate one word into two or three characters, but it is very hard to separate it into four. Therefore, it is almost impossible for parents who have more than three children to use this method.

However, a little ingenuity in using this method can help parents create names with originality. Normally people may not pay much attention to the meanings of these names, but once the meanings are pointed out, people often find something unique about them. For instance, the word <u>chéng</u> (诚)

expresses the parents' wish that their children will be "honest". By dividing the word into 言 and 成 , they name their two children Zhāng Zhēnyán (张真言) and Zhāng Zhēnchéng (张真成). The last word of the two names, when combined, would form the character 诚 , which means "honesty". Meanwhile it combines with the common word 真 to mean "sincerity", and the combination of the two names again forms the phrase zhēn chéng hé yī (真诚合一), which means "sincere unity".

4.   Siblings using characters with the same radical

In order to demonstrate that children born into the same family share the same character trait, some parents name their offspring by using words with the same radical which has a specific meaning.

For instance, using the part that means "water", which is essential to all living things, the parents can choose from a large number of words with this radical, such as qīng (清), jiāng (江), hǎi (海), tāo (涛), jié (洁), xī (浠), wèi (渭), shū (淑), mù (沐), pèi (沛), wò (沃), qìn (沁), hú (湖), shā (沙), mǎn (满), xiāng (湘), rùn (润), yáng (洋), wēn (温), yuán (源), hóng (鸿), méi (湄), bō (波), shēn (深), yuān (渊), lán (澜),

bīn (滨), hào (浩), qián (潜), hóng (洪), etc, which can all be used in names. Names like Sū Qìn (苏沁), Sū Lán (苏澜), Sū Hóng (苏鸿), Sū Pèi (苏沛) all sound clear and melodious and convey the meaning of "thriving growth".

We can also take the radical " 忄 " that means "heart" for example. The part itself expresses the meaning of "sincerity", "dedication" and "kind-heartedness". Words with this part that can be used in names include: qíng (情), chén (忱), huái (怀), yí (怡), héng (恒), cǔn (忖), shì (恃), qià (恰), wù (悟), qiān (悭), yuè (悦), quān (悛), xī (惜), wéi (惟), yú (愉), kǎi (慨), chōng (憧), etc. In a family named Fāng (方), the siblings can be named Fāng Yí (方怡), Fāng Kǎi (方慨), Fāng Chōng (方憧) or Fāng Yǔqíng (方予情), Fāng Yǔquān (方予悛), Fāng Yǔwù (方予悟) and Fāng Yǔhuái (方予怀).

The radical " 宀 " has the meaning of "preciousness", "prosperity" and "extensiveness". Words composed of this part such as hóng (宏), bǎo (宝), shí (实), zōng (宗), kōng (空), qióng (穹), chǒng (宠), kuān (宽), jiā (家), bīn (宾), yàn (宴), xiāo (宵), jì (寄), xuān (宣), yí (宜), níng (宁), xiàn (宪), jì (寂), yǐn (寅), ān (安), róng (容) can all be used for giving names. Lín Bǎo (林宝), Lín Shí (林实) and Lín Jiā (林家) are three brothers. Lín Jiāróng (林佳容), Lín Jiāyǐn (林佳寅) and Lín Jiāxuān (林佳宣) are sister and brothers. All their names use words including this part.

The structural part " 王 " has the meaning of "beauty" and "jade". Words having this part include: zhēn (珍), méi (玫), pò (珀), shān (珊), guī (瑰), xiá (瑕), ruì (瑞), huán (环), zhū (珠), líng (玲), yīng (瑛), yuán (瑗), yáo (瑶), qí (琦), wǎn (琬), lín (琳), yú (瑜), etc. These words are often used for girls. For instance, sisters in a Dèng (邓) family can be named Dèng Lín (邓琳), Dèng Yīng (邓瑛), Dèng Méi (邓玫) or Dèng Yǎlíng (邓雅玲), Dèng Yǎshān (邓雅珊) and Dèng Yǎpèi (邓雅珮).

A simple way of avoiding the difficulty of sex when using this method is to use one structural part for the boys and another one for the girls. For instance, boys can use words with the radical " 亻 " and be called Liú Xìn (刘信), Liú Rén (刘仁), Liú Zhòng (刘仲), or Liú Wéixìn (刘维信), Liú Wéirén (刘维仁), Liú Wéizhòng (刘维仲) while girls use words with the radical " 女 " and be called Liú Wǎn (刘婉), Liú Tíng (刘婷), Liú Jiāo (刘娇), or Liú Wéntíng (刘文婷), Liú Wénwǎn (刘文婉) and Liú Wénjiāo (刘文娇).

5. Siblings using synonyms or antonyms

If you, as parents, hope all your children will grow up with the same character, you can use synonyms to name them. For instance, if you expect all your children to have a noble character, you may use the words that have been mentioned earlier and that are used to describe moral integrity, or words that indicate wealth, wisdom, beauty and health, or security and a smooth life.

The following are names using synonyms meaning moral character: Zhāng Shàngdé (张尚德), Zhāng Shàngxián (张尚贤), Zhāng Shànghuì (张尚惠) and Zhāng Shàng'ǎi (张尚霭). The first two are for boys and the other two for girls.

Using synonyms meaning good health and beauty, you can have names like Chén Xīnróng (陈欣荣), Chén Xīnwàn (陈欣旺), Chén Xīnzhēn (陈欣珍) and Chén Xīnzhū (陈欣珠).

Using synonyms meaning safe and smooth life, you can have names like Wáng Ānhé (王安和), Wáng Āntǎn (王安坦), Wáng Āndào (王安道), Wáng Ānpíng (王安萍), Wáng Ānxiù (王安秀), etc. And using words that mean willpower, you can have names like Liú Yìzhèng (刘毅正), Liú Héngzhèng (刘衡正), Liú Zhāozhèng (刘昭正), Liú Gāngzhèng (刘刚正), etc.

In order to achieve uniqueness in the names, you can also use antonyms, which will result in the unity of opposites. For instance, you can use dōng (东) and xī (西), which mean "east" and "west", to name your two sons Gù Xiàngdōng (顾向东) and Gù Xiàngxī (顾向西); or use fāng (方) and yuán (圆), which mean "square" and "circle", to name your daughters Chéng Yìfāng (程艺方) and Chéng Yìyuán (程艺圆). Nán (南) and Běi (北) are antonyms meaning "south" and "north". You can call your son Gāo Qínnán (高勤南) and your daughter Gāo Qínběi (高勤北). The antonyms wén (文) and wǔ (武), which mean "civil" and "military" are used in the names of two brothers Tán Shìwén (谭世文) and Tán Shìwǔ (谭世武). The antonyms yuǎn (远) and jìn (近), meaning "far" and "near", are used in the names of two sisters Sū Yuǎngtíng (苏远婷) and Sū Jìntíng (苏近婷). Hóng (宏) and wēi (微), meaning "great" and "small" or "macro-" and "micro-" can also be used to name a brother and a sister, e.g. Jiāng Zhīhóng (江知宏) and Jiāng Zhīwēi (江知微).

The method of using antonyms applies only to the case of two children. Also, it excludes the use of antonyms with commendatory and derogatory meanings such as "pretty" and "ugly," "good" and "evil", "kind" and "wicked", "clever" and "foolish", as nobody would like to have a name with derogatory meaning and be laughed at by others. Therefore, if you want to give your children names that are original, you should select antonyms with neutral or commendatory meanings like those mentioned in the previous paragraph. Other such antonyms and their meaning include:

qíng (情) and lǐ (理)	"sentiment" and "reason"
dòng (动) and jìng (静)	"moving" and "still"
píng (平) and zhuō (卓)	"common" and "eminent"
zhǎn (展) and hé (合)	"spread out" and "fold up"
qián (潜) and xiǎn (显)	"latent" and "apparent"
fù (赴) and guī (归)	"go to" and "go back to"
biàn (变) and héng (恒)	"changing" and "stable"
yún (云) and yǔ (雨)	"cloud" and "rain"
chūn (春) and qiū (秋)	"spring" and "autumn"
xià (夏) and dōng (冬)	"summer" and "winter"
tóng (同) and yì (异)	"same" and "different"
tiān (天) and dì (地)	"heaven" and "earth"
xū (虚) and shí (实)	"abstract" and "concrete"

These pairs of neutral or commendatory antonyms used separately can give two children names that are original. They can also be used together with a "common word" to give more variety and deeper meaning.

For instance, Zhāng Mèngxià (张梦夏) and Zhāng Mèngdōng (张梦冬) are more refined and subtle names in terms of meaning than just Zhāng Xià (张夏) and Zhāng Dōng (张冬), and Chén Shīyún (陈诗云) and Chén Shīyǔ (陈诗雨) are better names than Chén Yún (陈云) and Chén Yǔ (陈雨); likewise, Fāng Kěqián (方可潜) and Fāng Kěxiǎn (方可显) make more sense than just Fāng Qián (方潜) and Fāng Xiǎn (方显).

III. Naming after Historical Events

The method of naming children after historical events or to reflect historical background has always been common in Chinese history.

Words like 荣, 华, 富, 贵, 福, 禄, 寿, 喜, which mean "glory", "splendour", "wealth", "rank", "happiness", "emolument", "longevity" and "joy"respectively, are often found in the name of the older Chinese in Singapore. That is because many Chinese who went overseas to Singapore in the 1930s and 1940s were escaping from poverty in their native land in the hope of trying their luck in a new land. Achieving wealth and prosperity was what they yearned for. And this wish was evident in the names of children born to them, e.g. Fúxiáng (福祥), Délù (得禄) and Défù (得富).

Today, many parents who have a strong sense of the times try to give their children names that reflect the spirit of the times in the hope that their children will keep up with the trends of the era in which they are born. These names actually embody what their parents expect of them.

How, then, can they find good, refined names that are original and at the same time reflect the historical period? Here are some guidelines:

1. Use two-character rather than single-character names

One problem often encountered by parents who name their children after historical events is that they find many people having the same name. To avoid this, you should, instead of choosing single-character names, use two-character or even three-character names, which are very rare but are considered to have a style of their own.

We live in the age when every aspect of our life is greatly affected by rapid development in science and technology, and marked by competition and mutual benefit. Parents who want their children to keep up with the times as they grow up wish to equip them with scientific knowledge and the ability to compete with others. This wish is often expressed in the names they give their children which use words related to science, technology, time, economy, profit and competition.

For instance, names like Zhāng Kē (张科), Lǐ Kē (李科), Lǐ Jìng (李竞), Chén Xiào (陈效), Wáng Jìng (王竞), Shěng Yì (沈益), Liú Yì (刘益), Hóng Shí (洪时), Gù Shí (顾时), etc are very popular nowadays. In order to avoid the names being the same as others', we can add one or two other characters to give them more variety and originality. Names of three characters, four, in fact, if including the family name, are very rare except for people with two-character family names like Ōuyáng (欧阳), Shàngguān (上官), Sīmǎ (司马), because they are difficult to remember and write. They are also difficult to use in direct address.

Names based on the phrase 科学技术 , which means "science and technology", include the following: Gāo Kējì (高科技), Cài Xiàngkē (蔡 向科), Cáo Xuéjì (曹学技), Chén Kēfēng (陈科峰), Féng Xúnkē (冯寻 科), Fù Shàngkē (傅尚科), Gù Jìfāng (顾技芳), Guō Shùxī (郭术悉), Hán Hǎishù (韩海术), Hé Shèngxué (何盛学), Hóng Tiānjì (洪天技), Hú Jìcǎi (胡技彩), Huáng Dáshù (黄达术), Jiāng Xuékūn (姜学坤), Lù Jiāxué (陆嘉学).

On the basis of the phrase 知识效益 , which means "knowledge and benefit", we can have names like: Pān Xiàoshí (潘效时), Qín Guāngshí (秦观时), Qián Xiàoyì (钱笑益), Shěn Xiàowén (沈效闻), Shū Zhǎnyì (舒展益), Sòng Tiānshí (宋天时), Kǒng Shímíng (孔时明), Tán Jiānlǜ (谭间律), Tián Qǐxiào (田启效).

On the basis of the phrase 经济竞争 , which means "economic competition", we can have names such as Wú Wéijìng (吴维竞), Xiāo Zhēngyì (萧争艺), Xíng Wùjīng (邢悟经), Xióng Xiéjì (熊协济), Xǔ Jiājìng (许家竞), Xú Màojīng (徐茂经), Yán Xīnjì (严欣济), Yáng Zhēngxù (杨争旭), Yáo Jìchāng (姚济昌), Zhāng Jìnghuá (章竞华) and Yè Yǔjīng (叶宇经).

2.   Avoid direct use of slogans or special terms

In order to avoid using names that are used by many other people, we can adopt one of the following methods:

a.   *Using a thing to symbolize an event*

Names like Liú Gémìng (刘革命), Lǐ Kējì (李科技) that make use of common terms are too direct and lack subtlety. If we use something as a symbol representing the times, we make the name more refined and meaningful. For instance, Fēngyè (枫叶) —maple leaves — are often used to symbolize revolutionary zeal, therefore we can use the words 枫叶 to replace 革命 , which means "revolution", and therefore derive a better-sounding name Liú Fēngyè (刘枫叶). Space technology is one branch of high technology. We can use Hángtiān (航天), which means "space travel" to replace 科技 and have a more subtle and original name Lǐ Hángtiān (李 航天).

Man has assigned symbolic meanings to all kinds of things in nature such as flower, grass and tree. Parents can use these symbols to embody their expectations for their children's future.

The following is a list of plants and flowers frequently used to symbolize human character:

Flowers and Trees signifying Moral Accomplishments

Lily (百合花) — purity and loftiness
Mimosa (含羞草) — a sense of shame and a good
                      understanding of right and wrong

Chrysanthemum (菊花) — elegance and nobility
Violet (紫薇) — honesty
White Chrysanthemum (白菊) — sincerity
Narcissus (水仙) — self-respect and kindness
Lilac (丁香) — modesty and prudence
Evergreen (万年青) — lasting friendship
China fir (杉木) — honesty and uprightness
Pine and Cypress (松柏) — steadfastness and loyalty
Green Bamboo (翠竹) — justness, fair-mindedness
Olive tree (橄榄) — peace and friendship
Iris and Orchid (芝兰) — justness and righteousness
Chinese Redbud (紫荆) — harmony and amity

Plants and Flowers signifying Independence and Integrity

Oak (白栎树) — independence and freedom
Morningstar Lily (山丹) — bravery and determination
Plum (梅花) — firmness and loyalty
Weeping Willow (垂柳) — tenacious vitality

Plants and Flowers signifying Emotions

Round Cardamom (豆蔻) — sorrow of parting
Lemon (柠檬) — close friendship and deep love
Day Lily (萱草) — optimism
Azalea (杜鹃) — homesickness
China Aster (翠菊) — recalling and cherishing past memories
Plane Tree (梧桐) — love
Weeping Willow (杨柳) — reluctance to part
Twin Lotus (并蒂莲) — conjugal bliss
Cockscomb (鸡冠花) — fervent love
Red Bean (红豆) — yearning for love
Chinese Herbaceous Peony (芍药) — reluctance to part
Poplar (白杨) — sorrow

Plants and Flowers signifying Health and Beauty

Cypress (柏树) — youth
Chinese Flowering Crabapple (海棠) — delicate beauty
Rose (玫瑰) — graceful carriage
Red Camelia (红山茶) — natural beauty
Lotus (荷花) — lithe and graceful carriage

Plants and Flowers signifying Intelligence and Scholarly Achievements

Sweet-Scented Osmanthus (桂花) — outstanding achievement
White Mulberry (白桑) — intelligence and wisdom
Ginkgo (银杏) — civility and good manners
Chinese Rose (月季) — success and triumph

Besides the above-mentioned, the peony (牡丹) is often used as a symbol of splendour and wealth; kapok (木棉) is used to represent heroes; pomegranate (石榴) signifies being blessed with many children, and Chinese crabapple (海棠) is used to represent fraternal sentiments.

Parents can make use of the names of these plants and flowers to express what they deem to be the demands of the times on the character, intellectual and emotional development of their children.

Our era is characterized by science and technology, economic gain, a sense of time and competition. Things that represent our time are: space technology, automation, pop music, investment, information, atomic energy and the renewal of knowledge.

Making use of these things that are typical of our time, you can choose names like Shěn Zǐhé (沈子核), Fāng Luò (方络), Fāng Chāozhì (方超智), Chén Xìntōng (陈信通), Dèng Chāoguāng (邓超光), Lù Guāngdǎo (陆光导), etc.

If you are fond of naming your children after important events, you should avoid using words like "estate" (地产), "housing property" (房产), "investment" (投资) or "industrial park" (科技园). But you can use the names of places, buildings and special features related to these as symbols to record the historic events. For instance, if your child is born just as you were buying a villa in Suzhou, you can call the baby Zhōushù (州墅) — the first character stands for Suzhou and the second means "villa" — to mark your investment in the villa. Or, if the industrial park you invest in is located in the Pudong Development Zone in Shanghai, you can call your child Pǔyuán (浦园) to mark the event. When your child is ten years old, the name will serve to remind you that it has been ten years since you first invested in Shanghai. If the construction project you invest in is called Lanting Park, you can adopt Lántíng (兰庭) as the name of your child.

In a word, using things to symbolize historical background or events is a technique that can be used to give variety to the methods of naming, thus avoiding names that are used by many people or are too direct or crude in their meaning.

b.   *Using a scene to represent something*

The ancient Chinese often expressed their feelings through the description of scenery. Stormy weather is used to represent a turbulent mood; a clear, blue autumn sky symbolizes a cheerful and serene state of mind; a bright moon makes one homesick; and high hilltops signify lofty aspiration and interest. Likewise, natural scenes can also be used to represent the characteristics of the times. People often use "the force of spring thunder" to signify the vigorous development of science and technology; "shoots after a spring rain" to describe enterprises emerging in large numbers; "the gushing of a spring" to symbolize the pouring in of riches; "spring sowing" to represent investing in development; "treading the waves in the ocean" to represent business activities; "the first rays of the morning sun" to symbolize a newly-opened business; "the sun at noon" to describe brisk business; "the eastward flowing river" to represent the replacement of the old by the new; "a trickling stream" to describe the accumulation of knowledge; "spring comes to a withered tree" to refer to taking a turn for the better; "the sun shines after the rain" to imply the hardship is over; and "stars in the Milky Way" to symbolize numerous discoveries and inventions in science and technology. Using these symbols, you can have:

Gāo Chūnléi (高春雷) Dīng Quányǒng (丁泉涌) Qín Bōchūn (秦播春)
Jiāng Tàlàng (江踏浪) Mèng Chénxī (孟晨曦) Gù Zhōngrì (顾中日)
Xiàng Dōngliú (向东流) Zhū Xījuān (朱溪涓)   Liáng Yùchūn (梁遇春)
Wàn Qiūhuá (万秋华) Jiǎng Yǔqíng (蒋雨晴) Wèi Yànxī (魏燕栖)
Wàn Xīngchén (万星辰)

When your children grow up, you should explain to them the meaning of their names to enable them to understand their profound symbolic meanings. This is another technique of naming a child according to the historical times in which he or she is born.

3. Using a synonym or a word of the same nature

Many children born in the year Singapore was founded were named Lìguó (立国), Jiànguó (建国), Chéngguó (成国), Guóqìng (国庆) or Xīnguó (新国) to mark the historic event. The word 国 meaning "country, state and nation" was, therefore, widely used and the names containing the word became trite.

In order to avoid overuse of the word 国 , we can replace it with synonyms like 开 , 启 , 端 , 创 , 立 , 定 , which carry the meaning of "founding of a new country".

Another method to avoid directly using terms that reflect contemporary life like 出资 (contribution of funds), 促销 (marketing), 资源 (resources) or 增值 (increase in value), is to use homophones or words close in pronunciation like 楚资 , 初晓 , 知源 or 增志 . Then, the names will sound more refined and their meanings will not be so obviously related to economic activities.

IV. Naming according to the Time of Birth or the Five Elements of the Universe

In the old days, the Chinese believed in <u>bāzì</u> (八字), the eight characters in four pairs indicating the year, month, day and hour of a person's birth, each pair consisting of one Heavenly Stem or tiāngān (天干), and one Earthly Branch or dìzhī (地支). Believing that a person's fate was predestined by his or her bāzì, they thought the words used in a person's name should reinforce and not counteract these eight characters.

Nowadays, most people no longer believe in these things and find it too troublesome to reckon a baby's bāzì and the five elements of the universe. However, it is fun to know something about the basic concepts of the symbolic animals, the five elements and the eight characters and choose a name for the baby that according to these concepts will bring it good fortune. The following is a brief introduction to the method of naming according to these concepts.

1.   Using words indicating the time of birth

In the old days the Chinese marked the year, month, day and hour of a baby's birth by the lunar calendar. A day was divided into twelve two-hour periods, each being given the name of one of the 12 Earthly Branches. The year, season, month, date and hour in which a baby is born has always been considered very important in deciding the future of the baby. Therefore, many parents like to name the baby according to the time of its birth. This method can be subdivided into the methods of naming according to the symbolic animal of the year of birth, the season of birth, the month of birth and the period of the day, which is called shíchen (时辰), of birth.

a.   *Naming according to the symbolic animal of the year*

The traditional Chinese way of marking the lunar year by symbolic animals is often used to denote the year of a person's birth. There are altogether 12 animals, each representing a year. They are rat, ox, tiger, rabbit, dragon, snake, horse, goat, monkey, rooster, dog and pig. Every 12 years is a cycle. The following is a table of the years in the Gregorian calendar marked by the 12 animals:

Rat   1900, 1912, 1924, 1936, 1948, 1960, 1972, 1984, 1996

Ox   1901, 1913, 1925, 1937, 1949, 1961, 1973, 1985, 1997

Tiger   1902, 1914, 1926, 1938, 1950, 1962, 1974, 1986, 1998

Rabbit   1903, 1915, 1927, 1939, 1951, 1963, 1975, 1987, 1999

Dragon   1904, 1916, 1928, 1940, 1952, 1964, 1976, 1988, 2000

Snake   1905, 1917, 1929, 1941, 1953, 1965, 1977, 1989, 2001

Horse   1906, 1918, 1930, 1942, 1954, 1966, 1978, 1990, 2002

Goat   1907, 1919, 1931, 1943, 1955, 1967, 1979, 1991, 2003

Monkey   1908, 1920, 1932, 1944, 1956, 1968, 1980, 1992, 2004

Rooster   1909, 1921, 1933, 1945, 1957, 1969, 1981, 1993, 2005

Dog   1910, 1922, 1934, 1946, 1958, 1970, 1982, 1994, 2006

Pig   1911, 1923, 1935, 1947, 1959, 1971, 1983, 1995, 2007

To name a baby according to the symbolic animal of its birth, which is called its shǔxiang (属相), means choosing a name that is compatible with the special features of the shǔxiang. For instance, it is believed that the characteristics of the <u>rat</u> are optimism, open-mindedness, resourcefulness and perseverance. However, the rat is also known to lack the sense of security. Therefore, babies born in the year of the rat should be named with words having the structural parts, or radicals " 艹 ", " 宀 " and " 亻 " to guard and protect them and give them a sense of security. Names for these babies include Bǎoyǔ (宝宇), Ānhóng (安宏), Héyuè (合月), Qiúshí (求实), Bǎocāng (保仓), Yīnyún (茵云), Jiāyǔ (佳宇), Zhòujūn (宙军), Zhòngyíng (仲盈), Fúzé (伏泽), Zōngyīng (宗英), Gǔróng (谷容), Wèiróng (慰荣), Jiànxī (健茜), Wéilián (围莲), etc.

The characteristics of the <u>ox</u> are honesty, self-respect, steadiness and industry. It loves water and needs the care and understanding of man. Names suitable for babies born in the year of the ox include words with the radicals " 氵 " and " 忄 ". The following are some of these names: Héngqīng (恒 清), Huáijì (怀济), Rùnkāng (润慷), Wùyuán (悟源), Hǎiqíng (海情), Wèikǎi (渭慨), Yútāo (愉涛),Yùnjié (愠洁), Xúnchén (浔忱), Yílán (怡澜), Qiánwéi (潜惟) and Shūpèi (抒沛).

The <u>tiger</u> is believed to be strong, brave and independent, but proud. It relies on the mountain for its existence, as illustrated by the saying: "The tiger hides in a remote mountain." Therefore, people born in the year of the tiger should have names related to the word 山 (mountain), such as Lánlǐng (岚岭), Sōnglíng (嵩凌), Yánfēng (岩峰), Wēirán (巍然), Ànqīng (岸清), Qíhuī (崎辉), Zhìxuān (峙轩), Zhàngyí (嶂仪) and Tiānluán (天峦).

The <u>rabbit</u> is considered to be gentle and kind, clever and lively, with a gregarious disposition. Words related to " 月 " such as yù (育), péng (鹏), zhāo (朝), míng (明), péng (朋), yú (愉), yuè (月), qiāo (悄), shèng (胜), bāo (胞) and qīng (清) are thought to be auspicious for babies born in the year of the rabbit. The following are some names to choose from: Qīnyù (钦育), Yùyīng (育英), Yùhuá (育华), Péngfēi (鹏飞), Péngzhǎn (鹏展), Zhīpéng (知鹏), Zhāohuī (朝辉), Zhāoxiá (朝霞), Mínghuī (明辉), Chénzhāo (辰朝), Zhāomíng (昭明), Xīnmíng (欣明), Péngtài (朋泰), Zépéng (泽朋), Yúnpéng (云朋), Yúyuán (愉媛), Yúměi (愉美), Yuèqīng (月清), Yuèqí (月祺), Shènglǎn (胜览) and Shèngcǎi (胜彩).

The <u>dragon</u> is regarded to be the most auspicious of all the animals. It represents wealth, rank and success. It is also considered to be a symbol of great ambition, warmth and sincerity as well as invincibility. But people born in the year of the dragon should beware of conceit and complacency. They should be named with words having the radical " 氵 " and avoid words with the radical " 亻 ". Words like shēn (深), lán (澜), jiāng (江), chí (池), cháo (潮), píng (萍), pèi (沛), qián (潜), hóng (鸿) and hàn (汉) can all be used in their names.

The <u>snake</u> is believed to be philosophical, intelligent, persevering, enterprising, but self-centred. For them the best words to be used are those with the radical " 艹 ", and the words related to 自 that means "self" should be avoided. The following are names suitable for them: Ǎilín (蔼霖), Fēndí (芬迪), Yúnshēng (芸生), Yèxuān (叶萱), Yànmǐn (燕敏), Màowěi (茂伟), Yuánqiàn (芫倩), Róngjùn (荣俊), Bǎohuá (葆华) and Mùlún (慕伦).

The <u>horse</u> is thought to be broad-minded, easy to get along with, able to endure hardship, and easily satisfied. Words with radicals " 艹 " and " 禾 " are best choices for the babies born in the year of the horse. The following are some of such words: yīng (英), yì (艺), yún (芸), suì (穗), yǐng (颖), qiū (秋), mào (茂), róng (荣), mù (穆), etc.

The <u>goat</u> is believed to be peace-loving, modest, patient and gentle. It has the urge for improvement and can get along well with others. Words auspicious for babies born in the year of the goat are those with radicals " 艹 " and " 禾 ", such as kē (科), qín (秦), lián (莲), yīng (英), zhī (芝), qín (芹), etc.

People born in the year of the <u>monkey</u> are considered to be creative, energetic, cheerful and are good talkers. But they are also thought to be fickle and lack perseverance. Words related to 木 (wood) are believed to be good for them. Therefore, they can choose a name from the following: Fúlín (福林), Wěnquán (稳权), Wàngdì (望棣), Pǔpíng (朴平), Sōngtāo (松涛), Fēnglíng (枫玲), Huàzhēn (桦珍), Jíyán (极岩), Hǎitáng (海棠), Zhènróng (振荣), Bǐngkūn (柄昆), etc.

The characteristics of the <u>rooster</u> are eloquence, punctuality, warm-heartedness, regularity in its actions and confidence in its ability to plan for the future. The rooster likes to preen itself. Therefore, it is believed that people born in the year of the rooster attach great importance to their own appearance. Words suitable for them are those related to 米 and 豆 such as dēng (登), jīng (精), cuì (粹), gǔ (鼓) and mí (迷).

The <u>dog</u> is considered to be a loyal and intelligent animal. It is thoughtful and considerate towards friends and always on guard against enemies and malpractice. It also has a unique way of doing things. For babies born in the year of the dog, the best words are those with the radical " 亻 " such as huá (华), rén (仁), lún (伦), jùn (俊), fǎng (仿), wěi (伟), bó (伯), rèn (任), shì (仕) and jiàn (健).

People born in the year of the <u>pig</u> are believed to be gentle, sincere, confident and sober-minded. They are also thought to be gourmets and sometimes a little selfish. Words with the structural parts " 亻 " and " 犭 " should be avoided in naming them. Auspicious for them are words with such radicals as " 艹 " and " 土 " . Good names for babies born in the year of the pig include Pǔyīn (埔茵), Kěnyīn (垦殷), Zēngshèng (增盛), Jiālán (佳兰), Péiwén (培文), Hóngjī (鸿基), Zhuānglián (庄连) and Guìchūn (桂春).

b. Naming according to the season of birth

In traditional Chinese culture, many nice-sounding alternative names are given to the four seasons of the year. Instead of naming after the four seasons, you may wish to use these names for more variety and originality.

Spring (春) has the following alternative names: sānchūn (三春), qīngyáng (青阳), shàojié (韶节), cāngtiān (苍天), yángjié (阳节), jiǔchūn (九春), yànyáng (艳阳), shūjié (淑节), yángchūn (阳春), qīngchūn (青春).

Summer (夏) has the following alternative names: sānxià (三夏), zhūmíng (朱明), qīngxià (清夏), yánxià (炎夏), yántíng (炎亭), zhūxià (朱夏), zhūlǜ (朱律), yánjié (炎节), chángyíng (长赢).

The alternative names of autumn (秋) include: sānqiū (三秋), sùshāng (素商), qīchén (凄辰), jīnqiū (金秋), jiǔqiū (九秋), gāoshāng (高商), shāngjié (商节), sùjié (素节), rìzàng (日藏).

The alternative names of winter (冬) are: sāndōng (三冬), yánjié (严节), yuándōng (元冬), jiǔdōng (九冬), qīngdōng (青冬), ānníng (安宁), dōngchén (冬辰), yuánxù (元序).

Besides the alternative names of the four seasons, there are 24 solar terms that mark the seasonal changes of the year. They are: 立春 , 雨水 , 惊蛰 , 春分 , 清明 , 谷雨 , 立夏 , 小满 , 芒种 , 夏至 , 小暑 , 大暑 , 立秋 , 处暑 , 白露 , 秋分 , 寒露 , 霜降 , 立冬 , 小雪 , 大雪 , 冬至 , 小寒 , 大寒 .

These terms can also be used to mark the season of birth.

c. *Naming according to the month of birth*

The months of the year have also been given alternative or descriptive names, which can be used for naming babies born in a particular month. The following is a list of these names:

The first month of the lunar year is also called 正月 , 建寅 , 孟春 , 太簇 , 陬月 , 寅月 , 春王 , 嘉月 , 首阳 , 新正 , 复正 , 三之日 , 岁首 , 发岁 , 就岁 , 肇岁 , 芳岁 , 华岁 , 早春 , 孟阳 , 冠月 , 元月 , 孟陬 , 征月 , 初月 , 三微月 , 开发 , 首春 , 泰月 , etc.

The second month is also called 建卯 , 仲春 , 夹钟 , 酣春 , 竹秋 , 仲阳 , 令月 , 花月 , 如月 , 卯月 , 杏月 , 丽月 , 四之日 , 大壮 , 同月 , etc.

The third month is also called 建辰 , 季春 , 末春 , 姑洗 , 桃浪 , 莺时 , 暮春 , 樱笋时 , 晚春 , 蚕月 , 辰月 , 杪春 , 桐月 , 雩同 , etc.

The fourth month is also called 中吕 , 阴月 , 麦月 , 建巳 , 孟夏 , 初夏 , 槐夏 , 维夏 , 槐序 , 槐月 , 麦秋 , 乏月 , 巳月 , 梅月 , 清和月 , 正阳 , 朱明 , 乾月 , 除月 , 仲月 , etc.

The fifth month is also called 午月 , 薄月 , 皋月 , 榴月 , 炎月 , 天中 , 建午 , 小刑 , 仲夏 , 鸣蜩 , 郁蒸 , etc.

The sixth month is also called 暑月 , 且月 , 未月 , 菏月 , 莲月 , 焦月 , 遁月 , 秀月 , 伏月 , 建未 , 林钟 , 精阳 , 季夏 , 征暑 , etc.

The seventh month is also called 初秋 , 上秋 , 首秋 , 新秋 , 兰秋 , 建申 , 夷则 , 肇秋 , 瓜时 , 兰月 , 霜月 , 相月 , 申明 , 巧月 , 杏月 , etc.

The eighth month is also called 桂月 , 壮月 , 酉月 , 仲秋 , 南吕 , 建西 , 仲商 , 中秋 , 正秋 , 竹小春 , etc.

The ninth month is also called 菊月 , 玄月 , 成月 , 朽月 , 青女月 , 建戌 , 季秋 , 无射 , 凉秋 , 三秋 , 杪秋 , 暮商 , 季商 , 霜序 , 菊序 , etc.

The tenth month is also called 坤月 , 亥月 , 阳月 , 良月 , 正阳 , 建亥 , 孟冬 , 应钟 , 上冬 , 开冬 , 初冬 , 小阳春 , etc.

The eleventh month is also called 子月 , 龙潜月 , 畅月 , 葭月 , 复月 , 建子 , 仲冬 , 黄钟 , 一之日 , etc.

The twelfth month is also called 杪冬 , 末冬 , 残冬 , 暮冬 , 建丑 , 季冬 , 大吕 , 嘉平 , 星回节 , 涂月 , 腊月 , 临月 , 冰月 , 严月 , 严冬 , 岁杪 , etc.

These alternative names may be used directly or combined with other words. Parents can also combine the month with their expectation for the baby. For instance a boy born in the eleventh month can be called Lóngqián (龙潜), Jiànzǐ (建子), Zhòngdōng (仲冬), and a girl born in the same month can be called Chàngyuè (畅月), Jiāyuè (葭月), etc.

d.   *Naming according to the hour of birth*

The lunar calendar of China has a unique way of marking the hour —by dividing a day into 12 two-hour periods. Each two-hour period is referred to as a shíchen (时辰) by the 12 Earthly Branches: 子 , 丑 , 寅 , 卯 , 辰 , 巳 , 午 , 未 , 申 , 酉 , 戍 , 亥 . The two hours in each time period are respectively called chū (初) and zhèng (正). The following is a table of shíchen corresponding to the hours:

	子	丑	寅	卯	辰	巳	午	未	申	酉	戍	亥
初	23:00	1:00	3:00	5:00	7:00	9:00	11:00	13:00	15:00	17:00	19:00	21:00
正	24:00	2:00	4:00	6:00	8:00	10:00	12:00	14:00	16:00	18:00	20:00	22:00

Babies born between 23:00 – 24:00 can be called Zǐchū (子初) and babies born between 24:00 and 1:00 can be called Zǐzhèng (子正). Babies born between 1:00 and 2:00 can be called Chǒuchū (丑初) and those born between 2:00 and 3:00 can be called Chǒuzhèng (丑正), etc. We can also be more flexible and combine the 12 Earthly Branches with other characters to create names like Zǐrén (子仁), Yǐnhǔ (寅虎), Mǎojiàn (卯建), Chénzhōng (辰钟), Sìmíng (巳明) and Shēnyǐng (申颖).

2.   Using words representing the elements of the universe

The Chinese have the old belief that the universe is composed of five elements: metal, wood, water, fire and earth, which are referred to as wǔ xíng (五行). The five elements are believed to be either complementary or opposites of each other, and out of this unity of opposites the universe develops and changes. The theory of the five elements has also been used to explain the growth and development of mankind.

The method of using the elements in selecting names is based on the idea that characters in the Chinese language can be classified according to the five elements, and a name is a combination of the elements. Therefore, a combination that is in keeping with the law of compatibility of elements is an auspicious name, while one that is inconsistent with the law is unpropitious. The combination believed to be auspicious include the following:

Family Name + Given Name	Family Name + Given Name
1. Metal + Earth & Fire	Metal + Water & Wood
Metal + Metal & Water	Metal + Water & Water
2. Fire + Wood & Water	Fire + Earth & Metal
Fire + Fire & Earth	Fire + Earth & Earth
3. Wood + Fire & Earth	Wood + Wood & Fire
Wood + Water & Metal	Wood + Fire & Fire
4. Earth + Fire & Wood	Earth + Metal & Water
Earth + Earth & Metal	Earth + Metal & Metal
5. Water + Wood & Fire	Water + Wood & Wood
Water + Water & Water	Water + Metal & Earth

But how do we ascertain the element of each character? The earliest belief was that it is decided by the first sound in the spelling of the character. Characters beginning with the consonants c, q, r, s, x and z fall into the category of "metal". Here is a list of these words:

chéng (成)　　chéng (呈)　　chéng (诚)　　chéng (盛)
chōng (充)　　chóng (崇)　　chuán (传)　　chūn (春)
cì (赐)　　　　cōng (聪)　　qí (齐)　　　　qí (祈)
qí (旗)　　　　qǐ (启)　　　qǐ (起)　　　　qiān (谦)
qián (钱)　　　qiǎo (巧)　　qiào (俏)　　　qīng (清)
rán (然)　　　rén (仁)　　　rì (日)　　　　róng (荣)
ruì (瑞)　　　rùn (润)　　　shān (珊)　　　shàn (善)
shàng (上)　　shàng (尚)　　sháo (韶)　　　shèng (胜)
xī (希)　　　　xǐ (喜)　　　xiá (霞)　　　　xiàn (献)
zhì (志)　　　zhì (智)　　　zhuàng (壮)

Words spelt with the consonants *g* and *k* belong to the category of "<u>wood</u>":

gān (甘)　　　gǎn (敢)　　　gāng (刚)　　　gé (格)
gē (歌)　　　　guāng (光)　　guó (国)　　　guī (瑰)
kǎi (凯)　　　kāng (康)　　　kē (科)　　　　kē (珂)
kè (克)　　　　kūn (昆)　　　kuò (扩)　　　kěn (肯)

Words in the category of "<u>water</u>" as they are spelt with *b, f, h, m* and *p:*

bǎi (柏)　　　bāng (邦)　　　bǎo (宝)　　　bǎo (保)
fāng (芳)　　　fēi (飞)　　　fēng (峰)　　　fù (富)
hǎi (海)　　　hán (函)　　　hào (浩)　　　hé (禾)
mǎn (满)　　　měi (美)　　　mèng (梦)　　　mín (民)
péi (陪)　　　pèi (佩)　　　péng (朋)　　　pǐn (品)

Words spelt with the consonants *d, j, l, n, t* and *z* are in the category of "<u>fire</u>":

dá (达)　　　　dǎo (导)　　　dào (道)　　　dé (德)
diǎn (典)　　　jiā (佳)　　　jiān (坚)　　　jiàn (健)
jiǎo (姣)　　　jiào (教)　　　lán (兰)　　　lǎng (朗)

lì (丽)	lǐ (理)	líng (灵)	nà (娜)
nán (南)	nǔ (努)	nuǎn (暖)	nián (年)
tài (泰)	tǎn (坦)	tiān (天)	tián (甜)
tíng (亭)	zhèn (振)	zǔ (祖)	zhēn (珍)
zhēn (贞)	zhèng (政)		

Words spelt with *a, w, y, e* and *o* belong to the category of "earth":

ài (爱)	ān (安)	àn (岸)	áng (昂)
ào (奥)	ér (儿)	ér (而)	ěr (迩)
ēn (恩)	é (娥)	ōu (欧)	ōu (讴)
ǒu (藕)	ǒu (偶)	yì (益)	yì (意)
yì (艺)	yí (怡)	yín (银)	wàng (旺)
wàng (望)	wéi (维)	wēi (威)	wú (梧)

Now let's look at some of the names made up in accordance with the above principles:

Metal + Earth & Fire
Chén Yǒulián (陈友联)   Cài Yíngjīng (蔡盈晶)

Fire + Wood & Water
Jiāng Gēbǎo (江歌葆)   Jiǎng Guānhóng (蒋观虹)

Wood + Fire & Earth
Gāo Zǔyīn (高祖殷)   Kǒng Jiāyīng (孔佳英)

Earth + Metal & Water
Wáng Xuānhàn (王宣汉)   Wèi Xiùméi (魏秀玫)

Water + Wood & Fire
Hé Kūnjiàn (何昆健)   Fù Guīlì (傅瑰丽)

Parents who like to name their children according to the elements of the universe can choose good names simply by bearing in mind the principle of compatibility of the elements and consulting a dictionary to find out the spelling of Chinese characters. There is no need to consult any Taoist priests.

A GUIDE TO MALE NAMES

In the last chapter we discussed various general principles of naming. Because parents usually have different expectations of their sons and daughters, and the elements of universe have particular principles for males and females, there are differences in the methods for naming male and female babies. In this chapter we shall discuss in detail how to name male babies.

A good man is expected to have good moral character and to devote himself to his country and people. He should be broad-minded, well-built and healthy. These are the general standards for judging a man; they are also what most men strive to achieve.

All parents wish that their sons will grow to be ambitious, firm, and excelling in wisdom and ability.

The role of men in the family is to assume duties and responsibilities, bring honour to their ancestors and carry on the family business and tradition.

According to the theory of the elements of the universe, men are endowed with masculine strength; therefore, names combining the elements of metal, earth and fire are most suitable for them.

On the basis of social values, parents' expectations, their role in the family and the characteristic traits of men, names chosen for male babies usually use words that express the following ideas:

I. Bringing Honour to One's Ancestors and Perpetuating the Family Tradition and Business

zǔ (祖) and zōng (宗), meaning "ancestors; clan":

Guāngzǔ (光祖)	Xiǎnzǔ (显祖)	Chéngzǔ (承祖)
Jìzǔ (继祖)	Hóngzǔ (弘祖)	Zhènzǔ (振祖)
Míngzǔ (明祖)	Zǔhuī (祖辉)	Zǔyuán (祖源)
Zǔchāng (祖昌)	Zǔyáng (祖扬)	Zǔwàn (祖望)
Zǔhuì (祖惠)	Zǔdé (祖德)	Yàozōng (耀宗)
Jìngzōng (敬宗)	Chéngzōng (成宗)	Qìngzōng (庆宗)
Màozōng (茂宗)	Dǐngzōng (鼎宗)	Chāozōng (超宗)
Zōngxiáng (宗祥)	Zōngshǎng (宗赏)	Zōngshèng (宗盛)
Zōngcháng (宗常)	Zōnghóng (宗宏)	Zōngxuān (宗轩)(宗宣)

jì (继), *meaning "inherit; carry forward"* :

Jìyè (继业)　　Jìchāng (继昌)　　Jìyuán (继源)　　Jìyù (继裕)
Jìxiān (继先)　　Jìduān (继端)　　Jìténg (继腾)　　Rénjì (仁继)
Yǒngjì (永继)　　Jiànjì (鉴继)　　Yǒngjì (勇继)　　Lìjì (立继)
Shìjì (世继)　　Guǎngjì (广继)

sì (嗣), *meaning "family; descendants"* :

Yánsì (延嗣)　　Fánsì (繁嗣)　　Shèngsì (盛嗣)　　Wàngsì (旺嗣)
Tàisì (泰嗣)　　Fúsì (福嗣)　　Ānsì (安嗣)

shào (绍), *meaning "continue; carry on"* :

Shàohuá (绍华)　Shàoxīng (绍兴)　Shàohàn (绍翰)　Shàoyè (绍业)
Shàoyuán (绍元)　Shàoqìng (绍庆)　Shàoqīng (绍青)

jiā (家), *meaning "family; family property; family business"* :

Jiājùn (家骏)　　Jiāshào (家绍)　　Jiāxūn (家勋)　　Jiāhóng (家鸿)
Jiālóng (家隆)　　Jiājǐn (家锦)　　Jiāyīn (家殷)　　Jiādìng (家定)
Jiā'ān (家安)　　Jiābǎo (家葆)　　Jiātōng (家通)　　Jiāwēi (家威)
Jiāzhèn (家振)　　Jiāchún (家淳)

yè (业), *meaning "family property; achievement; career"* :

Wěiyè (伟业)　　Jiànyè (建业)　　Fēngyè (峰业)　　Jìngyè (敬业)
Jīyè (基业)　　Xuéyè (学业)　　Xióngyè (雄业)　　Yèzhēn (业臻)
Yèyǐng (业颖)　　Yèdá (业达)　　Yèshùn (业顺)　　Yèchāo (业超)
Yèkāng (业康)　　Yèhé (业和)

chāng (昌), *meaning "prosper; thrive ; flourish"* :

Jīngchāng (靖昌)　Píngchāng (平昌)　Yìchāng (翌昌)　Qínchāng (勤昌)
Qíchāng (齐昌)　　Jǐngchāng (景昌)　Kūnchāng (昆昌)　Shìchāng (世昌)

jì (稷), *meaning "nation"* :

Ānjì (安稷)　　Sòngjì (颂稷)　　Chóngjì (崇稷)　Qǐjì (启稷)
Yúnjì (耘稷)　　Ēnjì (恩稷)　　Tiānjì (天稷)　　Jìzhuāng (稷庄)
Jìyíng (稷盈)　　Jìfēng (稷丰)　　Jìmǎn (稷满)　　Jìyì (稷益)
Jìqín (稷勤)　　Jìhóng (稷宏)

tíng (庭), *meaning "family; clan"* :

Tíngyīn (庭荫)　　Tíngpéng (庭鹏)　Tíngcì (庭赐)　　Tíngzhāng (庭彰)
Tínghuī (庭辉)　　Tínghéng (庭恒)　Tíngyán (庭延)

II. Having Lofty Aspirations

bó (博), *meaning "broad; rich; extensive"* :

Bóxué (博学)　　Bólǎn (博览)　　Bówén (博闻)　　Bójìn (博进)
Bó'ài (博爱)　　Bóxún (博寻)　　Bóhuī (博辉)　　Guǎngbó (广博)
Hóngbó (鸿博)　　Língbó (凌博)　　Jīnbó (津博)　　Hǎibó (海博)
Hàobó (浩博)　　Chāngbó (昌博)

mù (慕), *meaning "admire; look up to; yearn for"* :

Mùshèng (慕圣)　　　Mùjié (慕杰)　　　Mùyīng (慕英)
Mùcái (慕才)　　　　Mùzhì (慕志)　　　Mùchāo (慕超)
Mùyuǎn (慕远)

zhì (志), *meaning "aspiration; ambition"* :

Língzhì (凌志)　　　　Hóngzhì (宏志)　　　Huáizhì (怀志)
Yuǎnzhì (远志)　　　　Jiànzhì (建志)　　　Shùzhì (树志)
Péizhì (培志)　　　　Zhìtóng (志同)　　　Zhìchàng (志畅)
Zhìkuò (志阔)　　　　Zhìxiáng (志翔)　　　Zhìfēi (志飞)
Zhìjǔ (志举)　　　　Zhìzhǎn (志展)

shàng (尚), *meaning "venerate; yearn for; aspire"* :

Shàngwěi (尚伟)　　　Shàngróng (尚荣)　　　Shàngmíng (尚铭)
Shàngguǎng (尚广)　　Shànghán (尚涵)　　　Shàngtuō (尚拓)
Shàngkāi (尚开)　　　Yǔshàng (宇尚)　　　Jūnshàng (君尚)
Hàoshàng (皓尚)　　　Héngshàng (恒尚)　　　Shénshàng (神尚)
Língshàng (灵尚)　　　Zhīshàng (知尚)

tuò (拓) *and* *kāi* (开), *meaning "open up; develop"* :

Kāituò (开拓)　　　　Yáotuò (遥拓)　　　Qíntuò (勤拓)
Yìtuò (弈拓)　　　　Háotuò (豪拓)　　　Lìtuò (力拓)
Yǒngtuò (永拓)　　　Tuòyè (拓业)　　　Tuòyuán (拓源)
Tuòzhì (拓志)　　　　Tuòdá (拓达)　　　Tuòchéng (拓成)
Tuòqǐ (拓启)　　　　Tuòyuān (拓渊)　　　Kāilái (开来)
Kāixíng (开行)　　　Kāimíng (开明)　　　Kāixīn (开新)
Kāizhì (开智)　　　　Kāichuàng (开创)　　　Kāijié (开捷)

zhèn (振), *meaning "inspired with enthusiasm; exert oneself to; display vigour":*

Zhènyǔ (振宇)　　　Zhènwēi (振威)　　　Zhènshì (振世)
Zhènxiǎn (振显)　　　Zhèntāo (振涛)　　　Zhènyuè (振岳)
Zhènkūn (振坤)

chāo (超) *and yuè* (越), *meaning "unusual; surpass; ahead of":*

Chāonán (超南)　　　Chāomín (超民)　　　Chāocháng (超常)
Chāoshí (超时)　　　Chāoqián (超前)　　　Chāoshì (超世)
Chāoguàn (超冠)　　　Yuèpíng (越平)　　　Yuèlín (越林)
Yuèchū (越初)　　　Yuèhuá (越华)　　　Yuèkūn (越昆)
Yuèjùn (越峻)　　　Yuèqí (越骐)

jìn (进), *meaning "forge forward; push ahead":*

Héngjìn (恒进)　　　Shàngjìn (上进)　　　Chíjìn (持进)
Yǒngjìn (永进)　　　Rìjìn (日进)　　　Yìjìn (益进)
Ángjìn (昂进)

zhuō (卓), *meaning "superb; outstanding":*

Zhuōyuè (卓越)　　　Zhuōfán (卓凡)　　　Zhuōchāo (卓超)
Zhuōchéng (卓成)　　　Zhuōhóng (卓弘)　　　Zhuōwén (卓文)
Zhuōzhì (卓智)

xiǎn (显), *meaning "unusual; notable; illustrious":*

Xiǎndá (显达)　　　Xiǎnshí (显实)　　　Xiǎnmíng (显明)
Xiǎnchuán (显传)　　　Xiǎnchén (显辰)　　　Xiǎnyīng (显英)
Xiǎnruì (显锐)

qū (趋), *meaning "incline to; yearn for"* :

Qūliáng (趋良)   Qūshèng (趋盛)   Qūwàng (趋望)
Qūqiáng (趋强)   Qūguāng (趋光)   Qūxīn (趋欣)
Qūfēng (趋峰)

fèn (奋), *meaning "brace up; forward looking"* :

Fènmiǎn (奋勉)   Fènqǐ (奋起)   Fènxùn (奋迅)
Fènjī (奋击)   Fènfēi (奋飞)   Fènmèi (奋袂)
Fènyáng (奋扬)

chōng (憧), *meaning "yearn for; pursue"* :

Chōngjǐng (憧憬)   Chōngyì (憧屹)   Chōngguǎng (憧广)
Chōngshí (憧时)   Chōnghán (憧涵)   Chōngmíng (憧明)
Chōngyì (憧艺)

III. Having Noble Character

dé (德), *meaning "character; morality"* :

Démíng (德明)   Déyuān (德渊)   Déjūn (德君)
Dézhèng (德正)   Déjié (德洁)   Déxīng (德兴)

Dézhēn (德真)   Shàngdé (尚德)   Yǒudé (友德)
Pǐndé (品德)   Liándé (廉德)   Mèngdé (梦德)
Xuāndé (轩德)   Mùdé (慕德)

dào (道), *meaning "morality; principle; truth; accomplishment"* :

Dàozhǎn (道展)   Dàowěi (道炜)   Dàowù (道悟)
Dàoxī (道析)   Dàodí (道迪)   Dàoxié (道谐)
Yándào (言道)   Rúdào (儒道)   Mùdào (牧道)
Shēndào (申道)   Wèidào (卫道)   Shǒudào (守道)
Lèdào (乐道)

zhèng (正), *meaning "upright; just"* :

Zhōngzhèng (中正)   Běnzhèng (本正)   Tǎnzhèng (坦正)
Sīzhèng (思正)   Wéizhèng (为正)   Bǐngzhèng (秉正)
Héngzhèng (衡正)

lún (伦), *meaning "moral principles"* :

Bólún (博伦)   Chénglún (成伦)   Xuānlún (宣伦)
Jìlún (济伦)   Hàolún (皓伦)   Péilún (培伦)
Shènglún (胜伦)

xìn (信), *meaning "honesty; morality; justice"* :

Shǒuxìn (守信)   Chéngxìn (诚信)   Zhīxìn (知信)
Wèixìn (蔚信)   Lǐxìn (礼信)   Fèngxìn (奉信)
Zhìxìn (挚信)

rén (仁), *meaning "benevolence; uprightness; magnanimity"* :

Rénchāng (仁昌)   Rénjùn (仁俊)   Rénshàn (仁善)
Rénchōng (仁充)   Rénhé (仁合)   Rénchún (仁淳)
Rénhuī (仁晖)

chéng (诚), *meaning "honest; just"* :

Chíchéng (持诚)　　Kāichéng (开诚)　　Xiānchéng (先诚)
Tǎnchéng (坦诚)　　Pǔchéng (普诚)　　Chìchéng (赤诚)
Shíchéng (实诚)

xián (贤), *meaning "benevolent; virtuous; kind-hearted"* :

Shìxián (仕贤)　　Yìxián (义贤)　　Zéxián (泽贤)
Dìxián (棣贤)　　Xiángxián (祥贤)　　Cìxián (赐贤)
Zànxián (赞贤)

hé (和), *meaning "kind; gentle; amiable"* :

Mínhé (民和)　　Yánghé (阳和)　　Tiānhé (天和)
Dìhé (地和)　　Qiánhé (乾和)　　Kūnhé (坤和)
Shènghé (圣和)

shàn (善), *meaning "good moral qualities; kindness; benevolence"* :

Wéishàn (维善)　　Yúshàn (瑜善)　　Zhōngshàn (忠善)
Méngshàn (蒙善)　　Xúnshàn (循善)　　Jìngshàn (敬善)
Xíngshàn (行善)

yǒu (友), *meaning "friendly; friendship"* :

Wényǒu (文友)　　Yányǒu (言友)　　Mùyǒu (沐友)
Jìngyǒu (靖友)　　Shànyǒu (善友)　　Qiānyǒu (谦友)
Róngyǒu (容友)

yì (义), *meaning "acting in accordance with moral principles"* :

Dáyì (达义)　　Lǐyì (理义)　　Zhòngyì (仲义)
Tōngyì (通义)　　Xúnyì (循义)　　Yǐnyì (寅义)
Lìyì (立义)

qīng (清), *meaning "having lofty character"* :

Wénqīng (文清) Pǔqīng (普清)   Zhàoqīng (照清) Yánqīng (彦清)
Ruòqīng (若清) Pǐnqīng (品清)

qì (气), *meaning "being righteous; fair-minded"* :

Qìxuān (气轩)   Zhèngqì (正气) Háoqì (豪气)   Hàoqì (浩气)
Shèngqì (盛气) Yīngqì (英气) Qì'áng (气昂)

chéng (澄), *meaning "noble; honest; refined"* :

Míngchéng (明澄) Xīnchéng (心澄) Chéngzhào (澄照) Chénghuái (澄怀)
Gāochéng (高澄) Ānchéng (安澄) Qīngchéng (清澄)

jìng (敬), *meaning "admire; look up to"* :

Jìngsī (敬思)   Jìngzhé (敬哲) Jìngzūn (敬尊) Jìngxián (敬贤)
Jìnggōng (敬公) Jìngrú (敬儒)   Jìngshān (敬山)

qiān (谦), *meaning "modest; cautious"* :

Qiānhé (谦和)   Qiānxiàn (谦宪) Qiānlǐ (谦礼)   Qiānshàng (谦尚)
Qiānrán (谦然) Qiānshèn (谦慎) Qiānjǐn (谦谨)

IV. Serving the Nation and People

guó (国), *meaning "country; society"* :

Lìguó (立国)　　xīngguó (兴国)　Zhènguó (振国)　Xiàoguó (效国)
Jīngguó (经国)　　Zhìguó (治国)　Jiànguó (建国)

jì (济), *meaning "help; rescue; aid"* :

Jìshì (济世)　　　Jìmín (济民)　　Jìzhòng (济众)　Jìshēng (济生)
Jìpín (济贫)　　　Jìbāng (济邦)　　Jìshè (济社)

mín (民), *meaning "the common people; society"* :

Wèimín (为民)　Qǐmín (启民)　　Fùmín (富民)　　Yùmín (育民)
Sīmín (思民)　　Zhùmín (助民)　Xīnmín (新民)

shì (世), *meaning "society; the world"* :

Píngshì (平世)　Ānshì (安世)　　Jiùshì (救世)　　Qǐshì (启世)
Jìshì (继世)　　Xīngshì (兴世)　Tuòshì (拓世)

bāng (邦), *meaning "country; nation; the masses"* :

Liánbāng (联邦)　Zhìbāng (治邦)　Méngbāng (盟邦)　Ānbāng (安邦)
Jiāobāng (交邦)　Jiànbāng (建邦)　Zhènbāng (振邦)

V.　Having Strong Willpower and Determination

_yì_ (毅), _jiān_ (坚) and _gāng_ (刚), meaning "firm; unyielding; persevering" :

Yìzhēn (毅桢)	Yìqiáng (毅强)	Yìshí (毅石)
Yìchéng (毅成)	Yìruì (毅锐)	Yìdìng (毅定)
Yìjiān (毅坚)	Jiānbīng (坚冰)	Jiānyì (坚翼)
Jiānhéng (坚恒)	Jiānyú (坚瑜)	Jiānrèn (坚韧)
Jiānzhí (坚执)	Jiānwéi (坚维)	Rúgāng (如刚)
Gāngzhèng (刚正)	Gānghàn (刚汉)	Gāngjùn (刚骏)
Gāngzhí (刚直)	Yánggāng (阳刚)	Zhìgāng (志刚)

chí (持) and _yǒng_ (永), meaning "unremitting; persistent" :

Chízhī (持之)	Chízhù (持柱)	Chílì (持立)
Chíqín (持勤)	Chíwěn (持稳)	Chífāng (持方)
Chíjiàn (持建)	Yǒnghuàn (永焕)	Yǒngwù (永务)
Yǒngchí (永持)	Yǒngjí (永吉)	Yǒngcāo (永操)
Yǒngjìn (永进)	Yǒnghuī (永晖)	

_dú_ (独), meaning "independent; having unusual willpower" :

Dúxiù (独秀)	Dúshùn (独顺)	Dúchāng (独昌)
Dúlì (独立)	Dúróng (独荣)	Dútōng (独通)
Dúdēng (独登)		

_lì_ (立), meaning "independent; establish; foster" :

Lìmíng (立铭)	Lìyǎn (立衍)	Lìxíng (立行)
Lìshì (立誓)	Lìyán (立言)	Lìjié (立捷)
Lìxìn (立信)		

rèn (韧), meaning "tenacious; indomitable; dauntless" :

Qiángrèn (强韧)	Chírèn (持韧)	Wàngrèn (望韧)
Xìngrèn (性韧)	Wěirèn (纬韧)	Chōngrèn (充韧)
Jiānrèn (坚韧)		

héng (恒), *meaning "constancy of purpose; perseverance"*:

Héngxīn (恒心)　　　Héngcháng (恒常)　　　Héngzhù (恒铸)
Héngzhī (恒之)　　　Héngshēng (恒生)　　　Hénglì (恒励)
Héngjìn (恒进)

lì (力), *meaning "resolute and steadfast; forceful"*:

Xiǎnlì (显力)　　　Wěilì (伟力)　　　Qiánlì (潜力)
Huīlì (挥力)　　　Hónglì (鸿力)　　　Zhìlì (致力)
Qínlì (勤力)

jué (决), *yì* (意) *and* *jìn* (劲), *meaning "determination; strong will"*:

Guǒjué (果决)　　　Xiānjué (先决)　　　Yǒngjué (勇决)
Yìjué (毅决)　　　Zìjué (自决)　　　Yìjué (议决)
Gōngjué (公决)　　　Chàngyì (畅意)　　　Chènyì (称意)
Shīyì (诗意)　　　Chūnyì (春意)　　　Dáyì (达意)
Chéngyì (诚意)　　　Míngyì (鸣意)　　　Jìnsōng (劲松)
Jìnlín (劲林)　　　Jìnyán (劲延)　　　Jìnchí (劲驰)
Jìnwàng (劲旺)　　　Jìnshí (劲石)　　　Jìnfā (劲发)

zì (自), *meaning "independent; self-reliant"*:

Zìlì (自力)(自立)　　　Zìchéng (自成)　　　Zìháo (自豪)
Zìguī (自归)　　　Zìruò (自若)　　　Zìxīn (自新)
Zìxìn (自信)　　　Zìzhǔ (自主)　　　Zìrán (自然)
Zìnà (自纳)　　　Zìrú (自如)　　　Zìlǐ (自理)

zhí (执), *meaning "resolute; persistent"*:

Chúnzhí (纯执)　　　Shēnzhí (深执)　　　Zhēnzhí (真执)
Kěnzhí (恳执)　　　Jìngzhí (敬执)　　　Yìzhí (意执)
Xīngzhí (兴执)

zhì (致), *meaning "dedication; going all out to achieve something" :*

Zhìlì (致力)   Zhìyì (致意)   Zhìyùn (致韵)
Zhìchāo (致超)   Zhìyī (致一)   Zhìjīng (致精)
Zhìqiú (致求)

shēn (深), *meaning "in depth; lasting" :*

Jīngshēn (精深)   Dǔshēn (笃深)   Àoshēn (奥深)
Yáoshēn (遥深)   Jìnshēn (进深)   Zòngshēn (纵深)
Zhànshēn (湛深)

VI. Ability to Assume Responsibility

rèn (任), *meaning "responsibility; mission" :*

Wěirèn (委任)   Xùrèn (续任)   Zhòngrèn (重任)
Shèngrèn (胜任)   Gōngrèn (恭任)   Zhìrèn (致任)
Shòurèn (授任)

bǐng (秉), *meaning "control; preside over" :*

Bǐngxiān (秉先)   Bǐnggōng (秉公)   Bǐngyán (秉严)
Bǐngzé (秉责)   Bǐnghóng (秉宏)   Bǐngshèng (秉盛)
Bǐngzhí (秉执)

chéng (承), *meaning "undertake; endure"* :

Chéngbǐng (承炳)　　Chéngqián (承前)　　Chéngyuán (承源)
Chénghóng (承弘)　　Chéngnán (承南)　　Chéngzhì (承志)
Chéngdài (承岱)

liàng (量), *meaning "measure; heavy burden"* :

Héngliáng (衡量)　　Chōngliàng (充量)　　Shīliàng (施量)
Xiàngliàng (向量)　　Hǎiliàng (海量)　　Xiàoliàng (效量)
Jīliàng (绩量)

dòng (栋), *meaning "support; pillar"* :

Guódòng (国栋)　　Dòngliáng (栋梁)　　Yèdòng (业栋)
Dòngcái (栋才)　　Dòngbǎi (栋柏)　　Dòngzhù (栋柱)
Zhuāngdòng (庄栋)

zhǔ (主), *meaning "undertake"* :

Zhǔzhì (主治)　　Zhǔzuǒ (主佐)　　Zhǔdǐng (主鼎)
Zhǔquán (主全)　　Zhǔzhān (主瞻)　　Zhǔyǒng (主咏)
Zhǔtáng (主堂)

zhēng (征), *meaning "take responsibility; make a long journey"* :

Chūzhēng (出征)　　Zhēngzhǎn (征展)　　Zhēngkāi (征开)
Zhēngzhào (征照)　　Zhēngyīng (征英)　　Zhēngcái (征才)
Zhēngzhì (征智)

shòu (授), *meaning "accept; obtain"* :

Shòuxūn (授勋)　　Shòujī (授基)　　Shòuguān (授冠)
Shòujūn (授钧)　　Shòukǎi (授凯)　　Shòuhuī (授晖)
Shòuyù (授誉)

zhòng (重), *meaning "heavy responsibility; important task"* :

Zhòngtuō (重托)　　Zhòngwàng (重望)　　Zhòngdǔ (重笃)
Zhòngtài (重泰)　　Zhòngwèi (重慰)　　Zhòngwěn (重稳)
Zhòngxìn (重信)

zǎi (载) *and* *dāng* (当), *meaning "carry; undertake"* :

Zǎijí (载籍)　　　Zǎiwén (载文)　　　Zǎishǐ (载史)
Zǎidēng (载登)　　Zǎiyì (载毅)　　　Zǎihào (载浩)
Zǎishì (载世)　　　Dāngchéng (当承)　Dāngshì (当适)
Dāngzhì (当置)　　Dāngxíng (当行)　　Dāngchōng (当充)
Dāngwù (当务)　　Dāngzhóu (当轴)

VII. Having Strong Physique and Vigorous Health

jiàn (健), *meaning "good health"* :

Jiànyīng (健英)　　Jiànyǒng (健咏)　　Jiànshēng (健生)
Jiànpò (健魄)　　　Jiànyì (健弈)　　　Jiànháo (健豪)
Jiànjié (健杰)

wěi (伟) *and* *gāo* (高), *meaning "tall and sturdy"* :

Wěi'àn (伟岸)　　　Wěilín (伟林)　　　Wěisōng (伟松)

Wěiquán (伟泉)　　Wěimíng (伟明)　　Wěijiàn (伟健)
Wěikǎi (伟凯)　　Gāojiàn (高健)　　Gāojùn (高俊)
Gāochuán (高传)　　Gāojié (高捷)　　Gāoyún (高云)
Gāolǎn (高览)　　Gāofēng (高峰)

jùn (俊), *meaning "exceptionally handsome; having delicate features"* :

Jùnshēng (俊生)　　Jùnjié (俊杰)　　Jùnyīng (俊英)
Jùncái (俊才)　　Jùnhàn (俊翰)　　Jùnhóng (俊洪)
Jùnnán (俊男)

wēi (威), *meaning "powerfully built; sturdy"* :

Wēidiǎn (威典)　　Wēigǔ (威谷)　　Wēimíng (威明)
Wēiruò (威若)　　Wēiwú (威梧)　　Wēitài (威泰)
Wēihàn (威汉)

zhuàng (壮), *meaning "robust; majestic; having lofty ideals"* :

Zhuàngzhì (壮志)　　Zhuàngyǔ (壮羽)　　Zhuànghuái (壮怀)
Zhuàngyún (壮云)　　Zhuànglǐ (壮理)　　Zhuàngsī (壮思)
Zhuàngróng (壮容)

shuài (帅), *meaning "graceful, smart demeanour"* :

Shuàiyáng (帅阳)　　Shuàidōng (帅东)(帅冬) Shuàifēng (帅峰)
Shuàiwēi (帅葳)　　Shuàihuī (帅辉)　　Shuàixié (帅谐)

wēi (巍), *meaning "tall and powerfully built"* :

Wēihuá (巍华)　　Wēiwǔ (巍武)　　Wēisòng (巍颂)
Wēirán (巍然)　　Wēimài (巍迈)　　Wēizhōng (巍中)
Wēisà (巍飒)

shān (山), *meaning "tall and dignified"* :

Yuǎnshān (远山)　　Shāndí (山迪)　　Shānlǐ (山礼)
Shānquán (山泉)　　Gāoshān (高山)　　Tuòshān (拓山)
Pānshān (攀山)

tǐng (挺), *kūn* (昆) and *bǎi* (柏) *meaning "tall and graceful; standing upright"* :

Tǐnglì (挺立)　　　Tǐngxiù (挺秀)　　Tǐngfēng (挺枫)
Tǐngchāng (挺昌)　Tǐngzhèng (挺正)　Tǐnghuà (挺桦)
Tǐngtài (挺泰)　　　Kūnshān (昆山)　　Kūnshān (昆杉)
Kūnzhēng (昆铮)　　Kūnzé (昆泽)　　　Rìkūn (日昆)
Shēnkūn (深昆)　　　Yànkūn (彦昆)　　Bǎiyáng (柏杨)
Bǎishān (柏山)　　　Bǎiqīng (柏青)　　Bǎisōng (柏松)
Bǎixīn (柏新)　　　　Bǎihuà (柏桦)　　Bǎilín (柏林)

sōng (松), *meaning "sturdy and strong like a pine tree"* :

Sōngpíng (松平)　　Sōnglì (松立)　　Sōngwěi (松伟)
Sōngyè (松叶)　　　Sōngyǐng (松影)　Sōngxiào (松啸)
Sōngtāo (松涛)

xù (旭), *meaning "brilliance of the rising sun"* :

Xùshēng (旭升)　　Xùhuī (旭辉)　　Xùrì (旭日)
Xùguāng (旭光)　　Zhēngxù (争旭)　Zhuīxù (追旭)
Wàngxù (望旭)

hàn (瀚), *meaning "broad-minded"* :

Wěihàn (伟瀚)　　Yìhàn (意瀚)　　Shànghàn (尚瀚)
Lǎnghàn (朗瀚)　　Yìhàn (义瀚)　　Sònghàn (颂瀚)
Dáhàn (达瀚)

hóng (鸿), *huàn* (焕), *meaning "high-spirited and vigorous"* :

Hóngtú (鸿图)　　　Hóngzhì (鸿志)　　　Hóngfēi (鸿飞)
Hóngguān (鸿观)　　Hónglè (鸿乐)　　　Hóngxiáng (鸿翔)
Hóngyuǎn (鸿远)　　Huànrán (焕然)　　　Huànfā (焕发)
Huànyì (焕艺)　　　Huànxīn (焕欣)　　　Huànguǎng (焕广)
Huàntǎn (焕坦)　　　Huànxīn (焕新)

áng (昂) *and* *fēng* (风), *meaning "hold high"* :

Gāo'áng (高昂)　　　Jùn'áng (俊昂)　　　Shì'áng (世昂)
Lì'áng (励昂)　　　Wēi'áng (威昂)　　　Zhì'áng (智昂)
Tiān'áng (天昂)　　 Fēngyáng (风扬)　　 Fēngfā (风发)
Fēnghuī (风挥)　　　Fēngzhèn (风振)　　 Fēnggǔ (风谷)
Fēngxùn (风讯)　　　Fēngyīng (风英)

VIII. Being Broad-Minded

chàng (畅), *meaning "open and unimpeded"* :

Chàngyáng (畅阳)　　Chànghuān (畅欢)　　Chàngdá (畅达)
Chàngh[á]o (畅豪)　　Chàngkāi (畅开)　　 Chàngbō (畅波)
Chàngbǎo (畅葆)

lăng (朗), *meaning "carefree, bold and uninhibited"* :

Āhlăng (阿朗)　　　Mínglăng (明朗)　　　Kāilăng (开朗)
Lèlăng (乐朗)　　　Yuèlăng (越朗)　　　Chūnlăng (春朗)
Qìnglăng (庆朗)

yuè (悦), *meaning "pleasant, cheerful and optimistic"* :

Săyuè (洒悦)　　　Fāngyuè (方悦)　　　Chángyuè (长悦)
Bóyuè (博悦)　　　Zhănyuè (展悦)　　　Xùyuè (序悦)
Yŭyuè (羽悦)

shùn (顺), *meaning "smooth and easy" or "successful"* :

Héshùn (和顺)　　　Chéngshùn (成顺)　　　Níngshùn (宁顺)
Ānshùn (安顺)　　　Lĭshùn (礼顺)　　　Xiānshùn (先顺)
Liángshùn (良顺)

xīn (欣), *meaning "happy, cheerful and pleasant"* :

Xīnhóng (欣弘)　　　Xīnshăng (欣赏)　　　Xīnxīn (欣新)
Xīnchàng (欣畅)　　　Xīnróng (欣容)　　　Xīnxĭ (欣喜)
Xīnyì (欣逸)

liàng (亮), *meaning "bright and open"* :

Yíliàng (宜亮)　　　Chángliàng (长亮)　　　Jīngliàng (晶亮)
Huòliàng (豁亮)　　　Tōngliàng (通亮)　　　Qīngliàng (清亮)
Qĭliàng (启亮)

háo (豪), *hào* (浩) *and* *hóng* (宏), *meaning "broad, vast, unrestrained, mighty and generous"* :

Háoxīng (豪兴)　　　Háofàng (豪放)　　　Háoshuăng (豪爽)
Háomài (豪迈)　　　Háoguăng (豪犷)　　　Háoyŭ (豪语)

Háoyīng (豪英)　　Hàobó (浩博)　　Hàofán (浩繁)
Hàohàn (浩瀚)　　Hàocún (浩存)　　Hàorán (浩然)
Hàoyín (浩垠)　　Hàopèi (浩沛)　　Hónglún (宏伦)
Hóngguān (宏观)　Hóngbó (宏博)　　Hóngzhǐ (宏旨)
Hóngshí (宏识)　　Hóngshù (宏述)　　Hóngmó (宏谟)

kǎi (凯), *meaning "triumph, the song and happiness of victory"* :

Xuánkǎi (旋凯)　　Zòukǎi (奏凯)　　Kǎigē (凯歌)
Tíngkǎi (庭凯)　　Shǐkǎi (始凯)　　Guīkǎi (归凯)
Zhāokǎi (朝凯)　　Wénkǎi (文凯)

kāng (慷) *and* *kǎi* (慨), *meaning "generous; impassioned"* :

Kāngjì (慷济)　　Kāngfèn (慷奋)　　Kānghuá (慷华)
Kāngchéng (慷呈)　Kānglè (慷乐)　　Kāngzhuàng (慷壮)
Kāngjiàn (慷健)　　Kǎirán (慨然)　　Kǎi'áng (慨昂)
Kǎifèn (慨愤)　　Kǎigǎn (慨感)　　Kǎiyán (慨颜)
Kǎiqiè (慨切)

kōng (空), *meaning "open; spacious; sky"* :

Língkōng (凌空)　　Chángkōng (长空)　　Téngkōng (腾空)
Xīngkōng (星空)　　Lǐngkōng (领空)　　Guǎngkōng (广空)
Yǔkōng (宇空)

sháo (韶), *meaning "splendid; beautiful"* :

Sháoguāng (韶光)　Sháohuá (韶华)　　Sháoxiù (韶秀)
Sháoshàng (韶尚)　Sháoxīn (韶欣)　　Sháozàn (韶赞)
Sháolǎn (韶览)

shū (抒), meaning "express, convey":

Shūfā (抒发)   Shūchàng (抒畅) Shūchuán (抒传)
Shūhóng (抒鸿) Shūjì (抒寄)   Shūyì (抒意)
Shūyù (抒谕)

xī (希), meaning "yearn for, look forward to":

Chénxī (晨希)   Jǐxī (几希)   Jìngxī (敬希)   Jìxī (冀希)
Qǐxī (企希)   Jǐngxī (憬希)   Yǒuxī (有希)

táo (陶), meaning "contented; happy; mould":

Táojūn (陶钧)   Táoyě (陶冶)   Táorán (陶然)   Táozhù (陶铸)
Táohǎi (陶海)   Táoqǐng (陶倾)   Táoyǒng (陶咏)

xiào (笑), meaning "happy; laugh":

Xiàotiān (笑天)   Xiàolǎng (笑朗)   Xiàoyán (笑颜)   Xiàoyǔ (笑语)
Xiàofù (笑富)   Xiàozhī (笑之)   Xiàojiàn (笑健)

yì (溢), meaning "brimming over with; overflowing":

Yìhuá (溢华)   Yìxún (溢洵)   Yìdé (溢德)   Yìyǒu (溢友)
Yìxìn (溢信)   Yìxǐ (溢喜)   Yìxián (溢贤)

IX. Having Unusual Wisdom and Ability

zhì (智), meaning "wisdom; knowledge":

Zhìshēn (智申)   Zhìshù (智术)   Zhìmǐn (智敏)   Zhìlǐ (智理)
Zhìyú (智俞)   Zhìjiàn (智见)   Zhìlüè (智略)

ruì (睿), meaning "wisdom":

Ruìzhì (睿智)   Ruìyuǎn (睿远)   Ruìyǐng (睿颖)   Ruìshuò (睿硕)
Ruìchāo (睿超)   Ruìmíng (睿明)   Ruìdù (睿度)

xué (学), meaning "knowledge; learning":

Zhìxué (致学)   Dǔxué (笃学)   Bóxué (博学)   Pǔxué (朴学)
Xiàoxué (效学)   Shuòxué (硕学)   Xiǎnxué (显学)   Xuéwén (学文)
Xuézhuān (学专) Xuézhōng (学中) Xuéhǎi (学海)   Xuéfēng (学风)
Xuéyì (学艺)   Xuéxīng (学兴)

cái (才), meaning "talent; ability":

Qícái (奇才)   Cáijùn (才俊)   Cáisī (才思)   Cáimǐn (才敏)
Cáiyǐng (才颖)   Cáishì (才士)   Cáiyì (才溢)

xiǎo (晓) and wù (悟), meaning "know; comprehend":

Dòngxiǎo (洞晓) Fēnxiǎo (分晓)   Zhīxiǎo (知晓)   Tōngxiǎo (通晓)
Xiǎoyù (晓谕)   Zhōngxiǎo (钟晓) Lèxiǎo (乐晓)   Jǐngwù (憬悟)
Yǐngwù (颖悟)   Xǐngwù (省悟)   Lǐngwù (领悟)   Tǐwù (体悟)
Dàowù (道悟)   Jiěwù (解悟)

xī (析), meaning "analyse; distinguish":

Xībiàn (析辨)   Xīshí (析识)   Xīlùn (析论)   Xīshǎng (析赏)
Xīshì (析释)   Xīchǎn (析阐)   Xīmíng (析明)

xiào (效), *meaning "result; accomplishment"* :

Xiàoxué (效学)　Xiàoyì (效益)　　Xiàozhé (效哲)　　Xiàochéng (效成)
Xiàoshōu (效收)　Xiàofǎng (效仿)　Xiàodūn (效敦)

xié (协), *meaning "cooperate; harmonize; unite"* :

Xiéhé (协和)　　Xiélì (协力)　　Xiézuò (协作)　　Xiézhèng (协政)
Xiézòu (协奏)　　Xiétóng (协同)　Xiésī (协思)

xù (绪), *meaning "the beginning of an article"* :

Xùwén (绪文)　　Xùlǐ (绪理)　　Xùkāi (绪开)　　Chùxù (触绪)
Duānxù (端绪)　Rùxù (入绪)　　Tǐxù (体绪)

xī (悉), *meaning "know; comprehend"* :

Tànxī (探悉)　　Wénxī (闻悉)　　Qīngxī (清悉)　Dòngxī (洞悉)
Xīnxī (昕悉)　　Zhīxī (知悉)　　Déxī (得悉)

wén (文), *meaning "literary and artistic talent"* :

Wéncǎi (文彩)　Wéncí (文辞)　　Wénwǔ (文武)　Wénzhū (文珠)
Yánwén (衍文)　Yùnwén (韵文)　Shīwén (诗文)　Wénjié (文杰)

shū (书), *meaning "books; knowledge; eager to learn"* :

Shàngshū (尚书)　Qúnshū (群书)　　Guānshū (观书)　Chàngshū (倡书)
Shūqìng (书罄)　Shūzòng (书纵)　Shūwěi (书纬)

yìng (应), *meaning "adaptability; flexibility"* :

Bǎiyìng (百应)　　Cèyìng (策应)　　Shùnyìng (顺应)　Jǔyìng (举应)
Jǐngyìng (景应)　Zhàoyìng (照应)　Rúyìng (如应)

Bringing honour to ancestors

Dedication to the nation

Good heart or noble character

Lofty aspirations

Unusual wisdom and ability

Strong physique

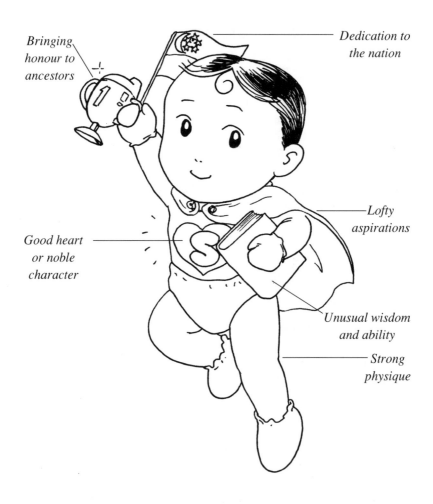

Every Parent's Dream Boy

yǐng (颖), *meaning "clever"* :

Cáiyǐng (才颖)　　　Cōngyǐng (聪颖)　　　Fēngyǐng (锋颖)
Xīnyǐng (新颖)　　　Kāiyǐng (开颖)　　　　Lìyǐng (利颖)
Jiāyǐng (佳颖)　　　Tuōyǐng (脱颖)

yì (艺), *meaning "artistic talent"* :

Yìlín (艺林)　　　　Yìshēng (艺生)　　　Yìjī (艺绩)
Yìjué (艺绝)　　　　Yìxiàn (艺献)　　　　Yìhóng (艺宏)
Yìyuán (艺源)

bǐ (笔), *meaning "write; create; pen or brush"* :

Bǐngbǐ (秉笔)　　　　Huībǐ (挥笔)　　　　Rùnbǐ (润笔)
Yìbǐ (逸笔)　　　　　Chàngbǐ (畅笔)　　　Shèbǐ (涉笔)
Miàobǐ (妙笔)

biàn (辨), *meaning "distinguish; recognize"* :

Xībiàn (析辨)　　　　Zhèngbiàn (正辨)　　　Chēngbiàn (称辨)
Sībiàn (思辨)　　　　Míngbiàn (明辨)　　　　Lùnbiàn (论辨)
Zhībiàn (知辨)

X.　Word-Combinations of the Five Elements

"Earth + Fire" Combinations:

Āndá (安达)　　　　Āndàn (安旦)　　　　Āndào (安道)

Āndǐng (安鼎)　　　Ángdūn (昂敦)　　　Ángjī (昂激)

Ángjī (昂迹)　　　　Áodù (遨渡)　　　　Áojī (遨基)

Áojì (遨济)　　　　　Áojí (遨籍)　　　　Wēijì (威技)

Wēijì (威继)　　　　Wēijiàn (威剑)　　　Wēijiàn (威鉴)

Wéijì (维辑)　　　　Wéijiān (维坚)　　　Wéijiàn (维健)

Wéijiē (维皆)　　　　Yánjié (研捷)　　　Yánjīn (研津)

Yánjìn (研进)　　　　Yǎnjìn (演劲)　　　Yǎnjìng (演竞)

Yǎnjìng (演靖)　　　Yǎnjìng (演径)　　　Yánjìng (衍敬)

Yánjiǒng (衍炯)　　　Yánjū (衍居)　　　Yánjǔ (衍举)

Yèjù (业矩)　　　　　Yèjuān (业镌)　　　Yèjué (业崛)

Yèjūn (业均)　　　　Yíjué (宜觉)　　　　Yíjūn (宜君)

Yílǎng (宜朗)　　　　Yílàng (宜浪)　　　Yìlè (奕乐)

Yìlěi (奕磊)　　　　　Yìlí (奕黎)　　　　Yìlǐ (奕礼)

Yìlì (谊立)　　　　　Yìlián (谊联)　　　Yìliáng (谊良)

Yìliáo (谊辽)　　　　Yìliè (义列)　　　　Yìlín (义霖)

Yìlíng (义凌)　　　　Yìlóng (义隆)　　　Yìlín (毅临)

Yìlóng (毅龙)　　　　Yìlù (毅路)　　　　Yìlún (毅伦)

Yīnglǜ (英律)　　　　Yīnglüè (英略)　　　Yīnglún (英伦)

Yīngnà (英纳)　　　　Yǒngníng (咏宁)　　　Yǒngjiān (咏坚)

Yǔtái (宇台)　　　　Yǔtài (宇泰)　　　　Yǔtán (宇潭)

Yǔtàn (宇探)　　　　Yùtāo (域涛)　　　　Yùtiào (域眺)

Yùtíng (域挺)

"Earth + Metal" Combinations:

Àncái (谙才)　　　　Àncāng (谙沧)　　　Àncè (谙策)

Àncéng (谙层)　　　　Ānchá (安察)　　　Ānchāng (安昌)

Ānchàng (安敞)　　　Ānchāo (安超)　　　Áochàng (翱畅)

Áochè (翱澈)　　　　Áochén (翱晨)　　　Áochéng (翱乘)

Wēichén (威忱)　　　Wēichéng (威成)　　　Wēichí (威持)

Wēichí (威池)　　　　Wěichèng (纬称)　　　Wěichéng (纬呈)

Wěichì (纬炽)   Wěichōng (纬憧)   Wěichóng (委崇)
Wěichóu (委筹)   Wéncōng (文聪)   Wénzhāo (文钊)
Wénqí (文齐)   Wénqǐ (文启)   Wěnqiān (稳谦)
Wěnqián (稳前)   Wěnqī (稳期)   Wěnqián (稳潜)
Wùqí (梧奇)   Wùqióng (梧穹)   Wùquán (梧泉)
Wùrǎn (梧冉)   Wǔqí (武奇)   Wǔqū (武趋)
Wǔrén (武仁)   Wǔróng (武荣)   Yángxié (洋协)
Yángxīn (洋新)   Yángxiǎo (洋晓)   Yángxīng (洋兴)
Yánrèn (言任)   Yánróng (言融)   Yánrú (言儒)
Yánruì (言瑞)   Yèsēn (叶森)   Yèruì (叶锐)
Yèshān (叶杉)   Yèshè (叶涉)   Yìshàng (易尚)
Yìshè (易设)   Yìshēn (易伸)   Yìshèn (易慎)
Yìshēng (屹生)   Yìshèng (屹胜)   Yìshī (屹师)
Yìshí (屹时)   Yìshèng (艺圣)   Yìshǐ (艺史)
Yìshì (艺示)   Yìshū (艺书)   Yǒngcāng (咏沧)
Yǒushū (友抒)   Yǒushǔ (友曙)   Yǒushuò (友朔)
Yǒushùn (友顺)   Yùshù (喻术)   Yùsuì (喻遂)
Yùxī (喻希)   Yùxián (喻弦)   Yuèxiǎn (悦显)
Yuèxié (悦协)   Yuèxīn (悦欣)   Ēnxù (恩序)
Ēnxuān (恩轩)   Ēnxún (恩循)   Ēnzé (恩泽)
Ōuzhàn (鸥湛)   Ōuzhāo (鸥昭)   Ōuzài (鸥载)
Ōucháo (鸥朝)

"Fire + Fire" Combinations:

Dádài (达戴)   Dádàn (达诞)   Dádào (达道)
Dádé (达德)   Dàodé (道德)   Dàodiǎn (道典)
Dàodiàn (道奠)   Dàodǐng (道鼎)   Dìngdūn (定敦)
Dìngjī (定基)   Dìngjī (定绩)   Dìngjí (定籍)
Jìjiā (济家)   Jìdào (济道)   Jìjīn (济今)
Jìjiāng (济江)   Jìjié (继杰)   Jìjǐn (继谨)
Jìjìn (继进)   Jìjiào (继教)   Jiànjǐn (鉴锦)
Jiànjīng (鉴精)   Jiànjìng (鉴径)   Jiànjìng (鉴靖)
Jiéjiàn (捷剑)   Jiéjì (捷技)   Jiéjū (捷居)

Jiéjǔ (捷举)　　　Jìnjù (晋聚)　　　Jìnjiàn (晋健)
Jìnjiē (晋皆)　　　Jìnjīn (晋金)　　　Juélǎn (觉览)
Juélǎng (觉朗)　　Juélǐ (觉礼)　　　Juéliáng (觉良)
Lìlián (立联)　　　Lìliáo (立辽)　　　Lìjué (立崛)
Lìlíng (立灵)　　　Lóngtài (隆泰)　　Lóngtáng (隆棠)
Lóngtiān (隆天)　　Lónglǚ (隆旅)　　Lùtà (路踏)
Lùtán (路坛)　　　Lùtí (路题)　　　Lùtiào (路眺)
Tāolàng (涛浪)　　Tāolín (涛林)　　　Tāolán (涛岚)
Tāoníng (涛宁)　　Tiānlún (天伦)　　Tiānlǜ (天律)
Tiānlǚ (天履)　　　Tiāntí (天题)

"Metal + Metal" Combinations:

Cáichāo (才超)　　Cáichè (才彻)　　　Cáicì (才赐)
Cáichōng (才充)　　Cèchá (策察)　　　Cèchuán (策传)
Cècóng (策从)　　　Cèchí (策持)　　　Chéngcāng (诚沧)
Chéngchì (诚炽)　　Chéngchǔ (诚楚)　Chéngchún (诚淳)
Chuàngcí (创辞)　　Chuàngchóu (创酬)　Chuàngróng (创荣)
Chuàngqiū (创秋)　Qǐqián (启乾)　　　Qǐqín (启勤)
Qǐrú (启如)　　　　Qǐshēng (启生)　　Shàngshí (尚时)
Shàngshàn (尚善)　Shàngshèng (尚圣)　Shàngruì (尚锐)
Shuòsuǒ (朔索)　　Shuòshū (朔书)　　Shuòxūn (朔勋)
Shuòzé (朔则)　　　Xuéxuàn (学绚)　　Xuéxù (学序)
Xuézé (学泽)　　　Xuéxuān (学轩)　　Zhànxióng (湛雄)
Zhànxiáng (湛翔)　Zhànzhé (湛哲)　　Zhànzhì (湛智)
Zhènzhì (振志)　　Zhènzhāo (振昭)　Zhènxìn (振信)
Zhènzài (振载)　　Zhìxián (致贤)　　Zhìxiǎn (致显)
Zhìshuò (致硕)　　Zhìshū (致枢)　　Zhìsuǒ (挚索)
Zhìruì (挚瑞)　　　Zhìshēn (挚伸)　　Zhìshēn (挚申)
Chàngxián (畅弦)　Chàngcháo (畅潮)　Chàngchí (畅池)
Chàngcí (畅慈)　　Cúnchéng (存呈)　Cúnqiān (存谦)
Cúnqìn (存沁)　　　Cúnqiū (存秋)　　Rénqīng (仁清)
Rénrùn (仁润)　　　Rénshàn (仁善)　　Rénqū (仁趋)
Qīngshèng (清盛)　Qīngshēng (清声)　Qīngchuán (清传)
Qīngsù (清溯)

A GUIDE TO FEMALE NAMES

In the last chapter we discussed how to name male babies. Now we will discuss how female babies should be named.

According to social values, parents' expectations and their role in the family, women should be filial and virtuous, gentle and chaste. They should respect their elders and love their younger brothers and sisters. Women are expected to care lovingly for their family and be good at housekeeping. They should also get on harmoniously with neighbours. And they should be intelligent, graceful and sedate as well as pretty. In one word, an ideal woman should combine inner beauty with an attractive appearance.

According to the theory of the elements of the universe, women are endowed with feminine and soft qualities. Therefore, their names should be made up of words related to the elements of water, wood and earth.

Guided by the above-mentioned beliefs, parents usually name their daughters by using words in the following categories:

I. Feminine Morals like Virtue and Tenderness

zhēn (贞), *meaning "virtuous and having moral integrity"*:

Zhēnní (贞妮)   Zhēnjié (贞洁)   Zhēnxiù (贞秀)
Zhēnlíng (贞玲)   Zhēnwǎn (贞婉)   Zhēnqí (贞琦)
Zhēnpèi (贞沛)

shū (淑), *meaning "tender; kind-hearted"*:

Shūjuān (淑娟)   Shūqīng (淑卿)   Shūyí (淑仪)
Shūxiāng (淑湘)   Shūyún (淑芸)   Shūlán (淑兰)
Shūróng (淑蓉)

xián (贤), *meaning "virtuous; capable"*:

Xiánshū (贤淑)   Xiánlì (贤丽)   Xiánhuì (贤惠)
Xiánpèi (贤沛)   Xiányíng (贤莹)   Xiánjìng (贤静)
Xiánzhēn (贤珍)

shàn (善), *meaning "good; virtuous"*:

Měishàn (美善)   Shàndān (善丹)   Chǔshàn (楚善)
Shànqín (善琴)   Shànqīng (善清)   Shànqióng (善琼)
Shànyīn (善音)

ài (爱), meaning "love; friendly feelings" :

Àilíng (爱玲)   Àiwén (爱雯)   Àiwēi (爱薇)   Àitíng (爱庭)
Àiqiàn (爱茜)   Àimù (爱睦)   Àixié (爱谐)

jī (姬) is a complimentary term used for women in ancient China:

Wénjī (文姬)   Rújī (如姬)   Wǎnjī (婉姬)   Yuèjī (月姬)
Yùjī (玉姬)   Huìjī (慧姬)   Yíngjī (盈姬)

sù (素), meaning "pure; spotless" :

Sùyǎ (素雅)   Sùwǎn (素莞)   Sùqín (素勤)   Sùhé (素菏)
Sùyuè (素悦)   Sùxuě (素雪)   Sùlíng (素苓)

xián (娴), meaning "sedate; gentle; self-possessed" :

Xiánjìng (娴静)   Xiánzhì (娴致)   Xiántíng (娴亭)   Xiánqíng (娴晴)
Xiánhóng (娴泓)   Xiánzhī (娴芝)   Xiánlì (娴立)

ǎi (蔼), meaning "kind, genial" :

Ǎiyǒu (蔼友)   Ǎiróng (蔼容)   Ǎixiá (蔼霞)   Ǎipíng (蔼萍)
Ǎimǐn (蔼敏)   Ǎijié (蔼洁)   Ǎimèi (蔼媚)

jiā (嘉), meaning "fine; commendable" :

Jiālè (嘉乐)   Jiābǎo (嘉葆)   Jiāyīn (嘉音)   Jiāchún (嘉纯)
Jiāqīng (嘉青)   Jiāqiàn (嘉倩)   Jiāmǐn (嘉敏)

juàn (隽), meaning "accomplished; elegant; delicate" :

Juànmàn (隽曼)   Juàn'ān (隽安)   Juànméi (隽玫)   Juànnán (隽楠)
Juàn'ài (隽嫒)   Juànshū (隽舒)   Juànní (隽妮)

<u>huì</u> (惠), *meaning "kindness; gracious"* :

Huìbǎo (惠葆)   Huìhuá (惠华)   Huìyè (惠叶)   Huìyīn (惠音)
Huìqíng (惠晴)   Huìyíng (惠盈)   Huìqín (惠琴)

<u>mù</u> (睦), *meaning "friendly; harmonious"* :

Mùyuè (睦月)   Mùyín (睦银)   Mùdān (睦丹)   Mùyōu (睦幽)
Mùróng (睦蓉)   Mùhuá (睦华)   Mùjiā (睦佳)

<u>pǐn</u> (品), *meaning "character; moral integrity"* :

Pǐnméi (品梅)   Pǐnjié (品洁)   Pǐnhóng (品泓)   Pǐnjú (品菊)
Pǐnchǔ (品楚)   Pǐnlián (品莲)   Pǐnxīn (品馨)

II.   Feminine Beauty

<u>tíng</u> (婷), *meaning "graceful"* :

Hétíng (菏婷)   Lìtíng (立婷)   Wéntíng (文婷)   Yǔtíng (雨婷)
Jìngtíng (静婷)   Liǔtíng (柳婷)   Cǎitíng (彩婷)

<u>mèi</u> (媚), *meaning "enchanting, lovely"* :

Mèifāng (媚芳)   Mèizhēn (媚真)   Mèishū (媚舒)   Mèiróng (媚容)
Mèiyí (媚怡)   Mèichún (媚纯)   Mèiwéi (媚维)

wǎn (婉), *meaning "pretty; gracious; docile"* :

Qīngwǎn (清婉) Yànwǎn (燕婉) Chūnwǎn (春婉) Xīwǎn (溪婉)
Qióngwǎn (琼婉) Sùwǎn (素婉) Bìwǎn (碧婉)

qiàn (倩), *xiù* (秀), *juān* (娟), *lì* (丽) *and* *yán* (妍), *all meaning "beautiful, delicate and freshly pretty"* :

Āhqiàn (阿倩)   Miàoqiàn (妙倩) Xiǎoqiàn (晓倩) Yúnqiàn (云倩)
Xiāngqiàn (湘倩) Qiànyí (倩仪)   Qiàntíng (倩亭) Qùxiù (趣秀)
Jiāoxiù (姣秀)   Lánxiù (兰秀)   Yīnxiù (音秀)   Pèixiù (佩秀)
Qiūxiù (秋秀)   Yínxiù (银秀)   Huìjuān (慧娟)   Qíngjuān (晴娟)
Wénjuān (雯娟) Sùjuān (素娟)   Zhāojuān (昭娟) Rújuān (如娟)
Xīnjuān (心娟)   Qīnglì (清丽)   Xiùlì (秀丽)   Chúnlì (纯丽)
Yílì (仪丽)   Zhìlì (质丽)   Qǐlì (绮丽)   Yānlì (嫣丽)
Kāiyán (开妍)   Míngyán (明妍) Yùyán (玉妍)   Língyán (苓妍)
Huáyán (华妍)   Péiyán (培妍)   Jīnyán (金妍)

yǎ (雅), *meaning "tasteful, elegant"* :

Wényǎ (文雅)   Pǐnyǎ (品雅)   Yǎxuě (雅雪)   Yǎqín (雅勤)
Yǎzhì (雅致)   Yǎrán (雅然)   Yǎzhēn (雅珍)

zī (姿), *meaning "graceful bearing, beautiful posture"* :

Yīngzī (英姿)   Qǐzī (启姿)   Fēngzī (风姿)   Yèzī (叶姿)
Língzī (灵姿)   Chūnzī (春姿)   Měizī (美姿)

wǔ (妩), *meaning "lovely; charming"* :

Yúnwǔ (云妩)   Yuèwǔ (月妩)   Róngwǔ (容妩)   Wǔyīn (妩音)
Wǔlíng (妩玲)   Wǔyú (妩愉)   Wǔyí (妩怡)

pīng (娉), meaning "having a graceful demeanour":

Qiǎopīng (巧娉)　Hǎopīng (好娉)　Xiàpīng (夏娉)　Qiūpīng (秋娉)
Língpīng (凌娉)　Lùpīng (露娉)　Miàopīng (妙娉)

lán (兰), the Chinese name for "orchid", used to mean a delicate, subtle beauty or fragrance:

Yōulán (幽兰)　Wǎnlán (晚兰)　Chūnlán (春兰)　Ruòlán (若兰)
Gǔlán (谷兰)　Fùlán (馥兰)　Mènglán (梦兰)

bō (波), which means "waves", is used to represent anything that is bright and delicately pretty:

Lìbō (丽波)　Tíngbō (亭波)　Huānbō (欢波)　Xuánbō (璇波)
Qíbō (淇波)　Yībō (依波)　Yǐngbō (影波)

nà (娜), which means "lithe and graceful carriage", is used to mean feminine beauty:

Zīnà (姿娜)　Píngnà (萍娜)　Mànnà (蔓娜)　Zhīnà (枝娜)
Liǔnà (柳娜)　Qìnnà (沁娜)　Liánnà (莲娜)

měi (美), meaning "beauty":

Yìměi (艺美)　Jiāměi (佳美)　Xīnměi (欣美)　Pèiměi (沛美)
Yìměi (奕美)　Róuměi (柔美)　Hánměi (菡美)

méi (玫), the Chinese name for "rose" with a connotation of being "as pretty as a rose":

Yìméi (一玫)　Tiánméi (恬玫)　Gānméi (甘玫)　Báiméi (白玫)
Ruǐméi (蕊玫)　Xiàoméi (笑玫)　Zhǎnméi (展玫)

shān (珊), *the Chinese name for "coral" which is extended to mean "bright or gay-coloured beauty"* :

Shānnán (珊南)   Shānpàn (珊盼)   Shānhú (珊瑚)   Shānzhū (珊珠)
Shānjuān (珊涓)   Shānhóng (珊红)   Shānhǎi (珊海)

fú (芙), *the Chinese name for "hibiscus" or "lotus", used to mean "flower-like beauty"* :

Fúyáo (芙瑶)   Fúróng (芙蓉)   Fúyuè (芙月)   Fúguāng (芙光)
Fúquán (芙泉)   Fúxī (芙溪)   Fúfāng (芙芳)

III. Feminine Intelligence and Wits

yǐng (颖) *and* *huì* (慧), *meaning "clever; bright"* :

Chūyǐng (初颖)   Chúnyǐng (淳颖) Xīyǐng (希颖)   Péiyǐng (培颖)
Jiāyǐng (佳颖)   Yuèyǐng (悦颖)   Qiànyǐng (茜颖) Xīnhuì (心慧)
Wénhuì (文慧)   Péihuì (培慧)   Yìnghuì (映慧)   Yìhuì (奕慧)
Qínhuì (琴慧)   Sīhuì (思慧)

wén (文), *meaning "knowledge; talent; gentleness"* :

Wéncǎi (文彩)   Wénměi (文美)   Wénxiá (文霞)   Wén'ài (文嫒)
Wénxiù (文秀)   Wénjǐng (文景)   Wényàn (文艳)

mǐn (敏), *meaning "nimble; sharp; quick"* :

Huìmǐn (慧敏)　　Mǐnfēi (敏飞)　　Mǐnyǔ (敏雨)　　Mǐnchén (敏晨)
Mǐnyí (敏仪)　　Pèimǐn (佩敏)　　Xuémǐn (学敏)

yàn (燕), *the Chinese name for "swallow", which is extended to mean "as nimble as a swallow"* :

Yànzǐ (燕子)　　Yànfēi (燕飞)　　Yànnán (燕南)　　Yànjié (燕捷)
Yànqí (燕琪)　　Yànhóng (燕泓)　　Yànmíng (燕鸣)

qiǎo (巧), *meaning "talented; skilful"* :

Qiǎolín (巧琳)　　Qiǎoyù (巧玉)　　Qiǎoxīn (巧新)　　Wénqiǎo (闻巧)
Chǔqiǎo (楚巧)　　Qiǎorú (巧如)　　Qiǎowěi (巧玮)

mù (慕), *meaning "admire; yearn for"* :

Mùróng (慕容)　　Mùyīng (慕英)　　Mùguāng (慕光)　　Mùyuè (慕月)
Mùhóng (慕虹)　　Mùsī (慕思)　　Mùmǐn (慕敏)

xiǎo (晓), *meaning "dawn; intelligent; sensible"* :

Xiǎomíng (晓明)　　Xiǎoyǐng (晓颖)　　Qiūxiǎo (秋晓)　　Júxiǎo (菊晓)
Chénxiǎo (晨晓)　　Lùxiǎo (露晓)　　Wénxiǎo (文晓)

líng (灵), *meaning "clever; agile; dexterous"* :

Bǎilíng (百灵)　　Wěilíng (纬灵)　　Wǎnlíng (婉灵)　　Mùlíng (沐灵)
Jiāolíng (姣灵)　　Miàolíng (妙灵)　　Yǎlíng (雅灵)

yíng (盈), *meaning "deft; dexterous; brimming with"* :

Yíngyíng (盈盈)　　Yínglíng (盈玲)　　Yíngyīn (盈茵)　　Qīngyíng (轻盈)
Yíngtíng (盈婷)　　Yíngcàn (盈灿)　　Jīngyíng (晶盈)

cōng (聪), *meaning "clever; bright"* :

Cōngměi (聪美)　Cōnghuì (聪慧)　Cōngmǐn (聪敏)　Cōngyán (聪妍)
Cōngyǐng (聪颖)　Cōnglíng (聪灵)　Cōngbō (聪波)

yīng (莺), *the Chinese name for "oriole", is used to describe someone who sings like an oriole. It is normally used in combination with other characters like the following:*

Yīngmíng (莺鸣)　Yīngwǔ (莺舞)　Yīng'ér (莺儿)　Yīngjié (莺捷)
Yīnglù (莺露)　　Xiùyīng (绣莺)　Cǎiyīng (彩莺)

jié (捷), *meaning "quick"* :

Jiélín (捷琳)　　Jiéyù (捷玉)　　Jiéchún (捷纯)　Jiéqīng (捷清)
Jiéjuān (捷娟)　Jiéqiǎo (捷巧)　Jiéxī (捷溪)

fēi (飞), *which means "fly", is used to describe the nimbleness of movement:*

Fèngfēi (凤飞)　Yúnfēi (芸飞)　Xuěfēi (雪飞)　Yèfēi (烨飞)
Chífēi (池飞)　　Bìfēi (碧飞)　　Yángfēi (扬飞)

piāo (飘), *meaning "floating; free; easy"* :

Piāofāng (飘芳)　Piāofēn (飘芬)　Piāoyíng (飘盈)　Piāohuá (飘华)
Piāobō (飘波)　　Piāoyún (飘云)　Piāoxiá (飘霞)

dí (迪), *meaning "enlighten"* :

Hǎidí (海迪)　　Língdí (铃迪)　　Měidí (美迪)　Yìdí (艺迪)
Yīndí (音迪)　　Jìngdí (静迪)　　Fēngdí (风迪)

shī (诗), *which means "poetry", is used to describe someone who has literary talent:*

Shīqín (诗琴)   Shīlíng (诗灵)   Shīhuà (诗画)
Shīwén (诗文)   Shīyì (诗意)   Shīyùn (诗韵)

IV. Feminine Gracefulness and Elegance

jìng (静), *meaning "serene; poised"* :

Jìnghuān (静欢)   Jìngjié (静洁)   Jìnglián (静莲)
Jìngxián (静娴)   Jìngyí (静仪)   Jìngbō (静波)
Jìngqiū (静秋)

zhuāng (庄), *meaning "sedate; dignified"* :

Shūzhuāng (淑庄)   Lìzhuāng (丽庄)   Mùzhuāng (慕庄)
Huìzhuāng (惠庄)   Xuězhuāng (雪庄)   Wǎnzhuāng (婉庄)
Jǐngzhuāng (景庄)

yǎ (雅), *meaning "refined; tasteful"* :

Xiǎoyǎ (小雅)   Bìyǎ (碧雅)   Sùyǎ (素雅)
Róuyǎ (柔雅)   Wényǎ (文雅)   Xiùyǎ (秀雅)
Ruòyǎ (若雅)

wēn (温), *meaning "gentle; tender; kind"* :

Wēnqíng (温晴)　Wēnlì (温丽)　　Wēnqìn (温沁)　Wēntíng (温婷)
Wēnxiá (温瑕)　　Wēnwén (温文)　Wēnqióng (温琼)

yí (仪), *meaning "pretty; poised"* :

Kěyí (可仪)　　　Àiyí (爱仪)　　　Fāngyí (芳仪)　Qíngyí (晴仪)
Jūnyí (君仪)　　　Qiūyí (秋仪)　　Mèiyí (媚仪)

yùn (韵), *meaning "charm; gracefulness"* :

Héyùn (菏韵)　　　Lányùn (兰韵)　　Méiyùn (梅韵)　Xuěyùn (雪韵)
Bīngyùn (冰韵)　　Chényùn (晨韵)　Shūyùn (书韵)

fāng (方), *meaning "sedate; easy; unaffected"* :

Wénfāng (文方)　　Cǎifāng (彩方)　Yànfāng (燕方)　Fāngyí (方仪)
Fānglíng (方玲)　　Fāngqí (方琪)　　Fāngshān (方珊)

ān (安), *meaning "sedate; tasteful"* :

Ānrán (安然)　　　Ānqí (安琦)　　　Ānyà (安亚)　　Ānní (安妮)
Ānpíng (安萍)　　　Ānrú (安如)　　　Ānyù (安玉)

chún (纯), *meaning "dignified; flawless"* :

Chúnzhēn (纯珍)　Chúnxīn (纯新)　Chúnxiá (纯瑕)　Chúnjié (纯洁)
Chúnjuān (纯涓)　Chúnqíng (纯情)　Chúnzhēn (纯真)

jié (洁), *meaning "noble; clear; flawless"* :

Fāngjié (芳洁)　　Rújié (如洁)　　　Bīngjié (冰洁)　Yùjié (玉洁)
Jīngjié (晶洁)　　　Tíngjié (亭洁)　　Yíngjié (滢洁)

Every Parent's Dream Girl

diǎn (典), *meaning "noble; sedate"* :

Diǎnyí (典仪)　　Diǎnyú (典愉)　　Diǎnyǎ (典雅)　　Diǎnwǎn (典莞)
Diǎnméi (典梅)　　Diǎnyún (典云)　　Diǎnyí (典怡)

miào (妙), *meaning "tasteful; elegant"* :

Miàoqīng (妙清)　Miàopèi (妙佩)　Miàozī (妙姿)　　Miàoyí (妙仪)
Miàohuì (妙慧)　Miàochǔ (妙楚)　Miàojǐng (妙景)

V. Word-Combinations of the Five Elements

"Water + Wood" or "Wood + Water" Combinations:

Gēfú (歌拂)　　　Gēbō (歌波)　　　Gēfēi (歌菲)　　　Gēfēng (歌风)
Gǔbāo (谷苞)　　　Gǔfù (谷馥)　　　Gǔméi (谷梅)　　　Gǔmèng (谷梦)
Méngkǎi (萌凯)　Huìkǎi (卉凯)　　Méikǎi (梅凯)　　Méiguāng (玫光)
Méigē (玫歌)　　　Méigē (玫鸽)　　　Méiguì (玫桂)　　Huìkǎi (惠凯)
Gānbì (甘碧)　　　Gānbāo (甘苞)　　Gānbō (甘波)　　　Gānfú (甘芙)
Guìfāng (桂芳)　　Guìhuì (桂慧)　　Guìpèi (桂沛)　　Guìpíng (桂萍)

"Water + Water" Combinations:

Báibāo (白褒)　　Báibīn (白滨)　　Báifāng (白方)　Báifú (白芙)
Méibīng (玫冰)　Méihán (玫涵)　Méihuá (玫华)　Méiměi (玫美)
Měihuì (美绘)　　Měihé (美菏)　　Měipín (美频)　Měimǐn (美敏)

Pèimù (佩沐)　　Pèipǐn (佩品)　　Pèipīng (佩娉)　　Pèihóng (佩泓)
Méihuì (梅卉)　　Méibō (梅波)　　Méihán (梅含)　　Méibǎi (梅柏)
Bìbǎo (碧宝)　　Bìfāng (碧芳)　　Bìfēi (碧绯)　　Bìfú (碧拂)
Hémèi (菏媚)　　Hémèng (菏梦)　　Hémíng (菏明)　　Hémù (菏沐)
Mènghú (梦湖)　　Mèngméi (梦梅)　　Mènghǎi (梦海)　　Mèngmǐn (梦敏)
Mùhóng (慕泓)　　Mùhuá (慕华)　　Mùbīng (慕冰)　　Mùhé (慕菏)

"Earth + Earth" Combinations:

Àiwǎn (爱婉)　　Àiwèi (爱蔚)　　Àiwǔ (爱妩)　　Àiyān (爱胭)
Ānwēn (安温)　　Ānwěi (安纬)　　Ānyì (安义)　　Ānyī (安依)
Yīngyín (英银)　　Yīngyùn (英韵)　　Yīngyún (英芸)　　Yīng'é (英娥)
Yōuyǐng (幽颖)　　Yǐngyǒu (颖友)　　Yǐngyù (颖玉)　　Yǐngyuè (颖悦)
Yùnyǔ (韵羽)　　Yùnwèi (韵蔚)　　Yùnwěi (韵娓)　　Yùnwǎn (韵婉)
Yànyīng (艳英)　　Yànyíng (艳盈)　　Yànyì (艳艺)　　Yànwǔ (艳舞)
Yíwǔ (仪妩)　　Yíyìng (宜映)　　Àiyún (艾匀)　　Wényǐ (文旖)
Wényè (文叶)　　Wényí (文宜)　　Wényí (文怡)　　Wǎnyín (婉银)
Wǎnyān (婉胭)　　Wǎnyǎo (婉窈)　　Wǎnyù (婉玉)　　Yúnyōu (芸幽)
Yúnyǔ (芸雨)　　Yún'ē (芸婀)　　Yúnyíng (芸盈)

"Wood + Wood" Combinations:

Gǔkāi (谷开)　　Gǔkē (谷柯)　　Gǔkuí (谷葵)　　Gǔkě (谷可)
Gēgǔ (鸽谷)　　Gēguàn (鸽冠)　　Kǎiguì (楷桂)　　Guìkuí (桂葵)
Guìgē (桂歌)

CHINESE EQUIVALENTS OF ENGLISH NAMES

Many people think the methods of selecting a Chinese name are completely different from those of selecting an English one, since the two language systems cannot be coordinated at all. There is, however, a link between both languages as the pronunciation of phonetic alphabets is similar for the Chinese and the English language. For instance, the English name "Aaron" is very close in pronunciation to the Chinese name Ānlún (安伦). Therefore, it is possible to find a Chinese name that is closely related in pronunciation to your English name.

I. Equivalent Male Chinese Names

Listed below are names categorized by meaning:

1. Bringing honour to one's ancestors and perpetuating the family business

English Name	Chinese Equivalent	Meaning
Zane, Zames	Zǔ'ēn （祖恩）	grace of ancestors
Jim, Jimmy, James	Jìmíng (继明)	carry forward the light
Jackson, Jonathan, Jason	Jiāshèng (家盛)	prosperity of the family
Yale	Yèlù (业路)	way of starting an undertaking
Samuel, Samson	Shàoshèng (绍盛)	successor to a flourishing family
Carson, Clarence	Chāngzēng (昌增)	a thriving family
Ted, Terence	Tínghéng (庭恒)	the family line continues forever

Felix, Ferdinand	Fúdǐng (福鼎)	having enormous good fortune
Gary, Geoffrey	Jílì (吉立)	having success in one's career
Randy, Roger	Rénjì (仁继)	carry on the deed of benevolence
Ward, Walter	Wàngtíng (旺庭)	achieving prosperity for the family
Gordon, George	Jiāzhèn (家振)	promoting family business

2. Having lofty aspirations

Bob, Bobby, Bradley	Bóhuī (博辉)	having broad and great aspirations
Harold, Herbert	Hàobó (浩博)	having great and lofty aspirations
Morgan	Mùgāng (慕刚)	admiring staunch people
Moses	Mùshèng (慕胜)	yearn to be successful
Lionel, Lincoln	Língzhì (凌志)	having lofty aspirations
George, Gerald	Zhuōyì (卓屹)	standing above the common people
Stephen, Stanford	Sīfèn (思奋)	a diligent thinker
Tony, Terry	Tuòlǐ (拓理)	discovering rules
Samson	Shàngshēng (尚升)	pursuing progress
Carl, Carrol	Chāorán (超然)	standing above the common people
Cecil	Shìxīn (世新)	aimed at changing the world
Solomon, Sherman	Xiǎnmíng (显明)	having clear ambitions
Vincent	Yǒngshēng (永升)	ever forward
Cuthbert	Chōngmíng (憧明)	looking forward to the future

Quentin	Qūxīn (趋欣)	looking forward to prosperity
Karl	Kāilái (开来)	creating the future
Harry, Henry	Háolì (豪立)	having great and bold ambition
Hudson	Tuòshèng (拓胜)	opening up new fields and winning success
Ivan	Yìwàng (意旺)	having high spirits

3. Good moral qualities

Freddie, Wilfred	Wèidé (为德)	born for good moral qualities
George	Zhuōyì (卓义)	having lofty moral qualities
Gerry	Jiélǐ (杰礼)	adhering to propriety and righteousness
Lance, Larry	Liángyì (良谊)	kind and friendly
Luther, Mort	Mùdé (慕德)	yearning for moral character
Leonard	Lǐ'ān (理安)	serene and reasonable
Ralph	Rénhuī (仁辉)	striving to achieve the glory of benevolence
Randy	Réndí (仁迪)	enlightened by benevolence
Wilson	Wénqīng (文清)	having fine literary talent
Victor, Vincent	Wěishàn (伟善)	great and benevolent
Eugene	Yǒujìng (友靖)	treating friends with sincerity
Terry, Terrell	Dáyì (达义)	understanding morality and justice
Thomas	Tōngmù (通睦)	considerate and amiable
Oliver, Howard	Háolì (豪立)	heroic and upright

Jimmy, Jeremy	Jìngmín (敬民)	having respect for the masses
Churchill, Gene	Qiānjǐn (谦谨)	modest and prudent
Sean	Shànruì (善瑞)	good-natured and noble
Patrick	Péilún (培伦)	cultivating good moral character
Douglas, David	Dàoshēn (道申)	upholding justice and morality
Benton, Benedict	Bǐngzhèng (秉正)	maintaining integrity

4. Dedication to serving one's country and people

Abe, Abel	Ānbāng (安邦)	strive to bring peace to the country
Gerard	Jìzhòng (济众)	render service to the people
Giles, Gilbert	Qǐshì (启世)	enlighten the masses
George	Guózhì (国治)	managing the country
Percy	Píngshì (平世)	strive for peace and security in the country
Scott, Seymour	Xìngguó (兴国)	revitalize the country
Jeremy, Jerome	Jiànmín (建民)	serve the people

5. Strong willpower

Joel, John	Jiānhéng (坚恒)	persistent, steadfast
Joule, Josh	Jiānyì (坚毅)	firm and persistent
Garth	Gānghàn (刚汉)	man of strong will
Charley	Chílì (持立)	man of perseverance and self-reliance
Vaughan, Wayne	Wěihéng (纬恒)	having clear orientation and determination

Harley, Henry	Hénglì (恒励)	man with constancy of purpose
Harry, Hilary	Hónglì (鸿力)	having great strength
Kenneth, Keith	Kēngshí (铿石)	as firm as rock
Ziegler	Zìkè (自克)	capable of overcoming difficulties by self-reliance
Steven	Zìchéng (自成)	growing up independently; striving for success
Robert, Robin	Ruòbǎi (若柏)	upright like a cypress tree
Roger, Rodger	Ruòjiàn (若剑)	sharp as a sword
Kenneth, Kent	Kěnzhì (恳挚)	earnest and steadfast
Lincoln, Lionel	Lìxíng (立行)	determined to achieve one's purpose
Galen, Gorden	Gāngjìn (刚劲)	having determination and perseverance

6. Ability to assume responsibility

William, Willie, Wiley	Wěirèn (伟任)	shouldering great task
Basil, Ben	Bǐngzhì (秉执)	undertaking, carrying out a task
Doyle, Dudley	Dòngliáng (栋梁)	pillar of the state
Justin, Justus	Zhǔtíng (主廷)	a person of great importance

7. Having good health, high spirits and being broad-minded

Johnny	Jiànyīng (健英)	vigorous and handsome
Jeremy, Jerome	Jiànmíng(健明)	robust and bright
William, Wayne	Wěi'àn (伟岸)	tall and forceful

John	Jùnhàn (俊翰)	handsome with literary talent
Werner	Wēiruò (威若)	dignified and forceful
Simon	Shuàimíng (帅明)	handsome and poised
Tim, Timothy	Tǐnglì (挺立)	standing upright
Basil	Bǎisōng (柏松)	upright like a pine or cypress tree
Theodore	Xùhuī (旭辉)	like the morning sun
Homer	Hóngxiáng (鸿翔)	flying high like a swan
Havelock	Huànfā (焕发)	glowing with vigour
Julian	Jùn'áng (俊昂)	handsome and high-spirited
Ian, Walter	Yìhuá (意华)	high-spirited and vigorous
Francis, Frederick	Fúhàn (拂瀚)	broad-minded
Humphrey, Hubert	Huànrán (焕然)	high-spirited
Charles, Seth	Chàngyì (畅意)	having a sanguine disposition
Lloyd, Leonard	Lǎngháo (朗豪)	open and generous
Barry, Bernie	Bóyuè (博悦)	open and generous
Clark, Claude	Kāilǎng (开朗)	open and optimistic
Seymour	Xīnhóng (欣弘)	boundlessly happy
Howard	Hàocún (浩存)	always of noble spirit
Herbert	Hóngbó (宏博)	grand and having extensive knowledge
Jack, Jackson	Zhāokǎi (朝凯)	morning song of triumph
Kermit	Kāngjiàn (慷健)	generous and stalwart
Edmund	Yǔkōng (宇空)	vast and open
Toby, Troy	Táorán (陶然)	happy and carefree

8. Unusual wisdom and ability

| Jonah | Yìhuá (溢华) | having remarkable talents |

Alex, Lester, Leslie	Lèsī (乐思)	having a propensity to use one's mind
Alvin	Ānwén (安文)	intelligent, having literary talent
Archibald	Qíbó (奇博)	a rare talent, a man of great learning
Aubrey	Bówù (博悟)	of keen understanding
Basil	Bǎozhì (葆智)	full of wisdom
Benedict	Bǎidí (百迪)	providing great inspiration
Benjamin	Biànmíng (辨明)	clear-minded
Bill, Billy	Bǐnglǐ (秉理)	having a good grasp of reason
Bruce, Raymond	Ruìzhì (睿智)	intelligent, full of wisdom
Colin	Kēlíng (科灵)	inspired by science
Cuthbert	Kǎibó (凯博)	knowledgeable and successful
David	Dáwù (达悟)	being enlightened
Edwin	Díwěi (迪纬)	having clear orientation
Felix, Ferdinand	Fēngyǐng (锋颖)	clever, intelligent
Frederick	Fùruì (赋睿)	endowed with wisdom and talent
Geoffrey, Gary	Gāolì (高立)	having a superb mind
Jerry	Jiéruì (捷睿)	quick-minded
Godfrey, Gordon	Gēwén (歌文)	endowed with unusual literary talent
Harry	Hánruì (涵瑞)	endowed with good fortune
Horace	Huòlǎng (豁朗)	be suddenly enlightened
Horatio	Huòdí (豁迪)	be suddenly enlightened
Hudson	Huáshèng (华盛)	having literary talent
Irvin, Irwin	Yǔwén (宇闻)	known throughout the world

Jackson, Jason   Jiéshēng (杰声)   having very good
                     reputation

II. Equivalent Female Chinese Names

Listed below are names categorized by meaning:

1. Feminine morality

English Name	Chinese Equivalent	Meaning
Jane, Janet	Zhēnní (贞妮)	chaste, virtuous
Jennifer, Jenny	Jiélì (洁丽)	morally impeccable
Sophia	Shūfēi (淑菲)	genial and kind-hearted
Sylvia	Shūwǎn (淑婉)	genial and kind-hearted
Aileen, Alice	Àitíng (爱庭)	devoted to the family
Alma, Amanda	Àimù (爱睦)	loving and friendly
Shirley	Xiánlì (娴丽)	refined and pretty
Sharon	Xiánlún (娴伦)	virtuous and gentle
Geraldine	Juànlán (隽兰)	delicate and virtuous
Pamela	Pǐnméi (品梅)	having high morals; like plum flower
Prudence	Rúdān (茹丹)	being virtuous
Penny	Pèiyí (佩谊)	upholding friendship
Monica, Melinda	Mùlín (睦霖)	sweet and pleasant like spring water
Muriel, Myra	Mùróng (睦蓉)	pleasant and harmonious like a flower

2. Feminine beauty

Wendy   Wǎnlì (婉丽)   pretty as a flower

Vicki, Virginia	Wénqí (雯琪)	sparkling like fine jade
Tina	Tínglán (婷兰)	fair and graceful like an orchid
Georgia	Jiǎojié (皎洁)	pure and lovely
Sylvia	Xīwēi (茜薇)	charming, attractive
Shirley, Sherry	Xuělì (雪莉)	pure and white as snow
Rose, Rosemary	Ruòméi (若玫)	pretty as a rose
Polly	Bōlián (波莲)	delicate like a lotus in a pond
Patience	Pèitián (沛恬)	vigorous yet peaceful
Madeline	Mèiyí (媚怡)	charming and cheerful
Maggie	Měiqiàn (美倩)	having exquisite figure
Lucia, Louise	Lùsī (露丝)	sparkling and delicate
Gladys, Gracie	Gǔlán (谷兰)	like a lily in a valley
Hermione	Hànměi (菡美)	having a delicate beauty
Helen, Helena	Hánruì (含蕊)	a bud just ready to bloom
Eve	Yífú (伊芙)	charming as a hibiscus flower
Ellie, Eileen, Eleanor, Ellen	Àilì (爱丽)	lovely, pretty
Brenda	Róngdān (容丹)	having a pretty face like peony
Betsy, Bessie	Bìsī (碧丝)	supple and slender
Becky	Bìqīng (碧清)	delicately beautiful
Amelia	Mèiyǎ (媚雅)	charming and graceful
Martha	Mànbǎo (蔓葆)	a delicate flower

3. Feminine wisdom and wits

Ada	Yàn'nán (燕南)	swift as a swallow flying southward
Angela, Angelina	Jiélíng (捷灵)	quick-witted
Agnes	Àishī (爱诗)	being fond of poetry

Alice, Alicia	Língsī (灵思)	a clever and independent thinker
Amanda	Méngdá (萌达)	having a quick and sharp mind
Bonnie	Báilù (白鹭)	lithe as an egret
Catherine	Kǎiyǐng (凯颖)	exceptionally bright
Cecily	Shīyì (诗意)	having literary talent
Doreen, Doris	Ruòyún (若云)	light as a cloud
Ella, Ellen	Yànnà (燕娜)	lithe like a swallow
Emily	Mǐnlì (敏俐)	quick-witted and agile
Emma	Ǎimǐn (蔼敏)	amiable and quick-witted
Eva	Yìhuì (意慧)	having wisdom
Fanny, Faith	Fēiyí (飞怡)	cheerful and possessing grace
Gladys	Gēdí (歌迪)	endowed with a sweet voice
Grace	Rǎnsī (苒思)	having a brilliant mind
Jacqueline	Jiālíng (佳灵)	exceptionally clever
Jessica	Sījiā (思佳)	quick-witted
Joan, Joanne	Qiǎoyīn (巧茵)	delicate and dexterous
Josephine	Qiǎofèng (巧凤)	nimble and pretty

4. Feminine grace and elegance

Agatha	Jiāyǎ (佳雅)	graceful and pretty
Alexandra	Lìshān (立珊)	sedate and poised
Annette, Annie	Àiyí (爱仪)	having a graceful bearing
Esther, Ethel	Yíshì (怡适)	affable and appropriate
Eva	Yíhuá (仪华)	having a graceful appearance
Flora	Luòrán (珞然)	sedate and unaffected

Gwendolyn, Gwen	Wēnlíng (温凌)	gentle and graceful
Isabel, Isabella	Yíshān (仪珊)	having a beautiful bearing
Jean	Jǐngyí (景怡)	having a beautiful bearing
Katherine	Hǎiyùn (海韵)	having a gentle and noble air
Kay, Kate	Kěyí (可仪)	lovely and attractive
Lilian	Lìlián (俐涟)	clever and free like ripples
Linda, Lolita	Níngdài (宁玳)	sedate and graceful
Marlene	Mànyún (曼云)	graceful and carefree
Michel, Michelle	Měixié (美谐)	beautiful and elegant
Molly	Mùlǐ (慕礼)	having good, refined manners
Ruby	Rúbīng (如冰)	noble and elegant

REFERENCE INDEX

I. A Guide to Chinese Family Names

When naming, ensure that the surname and given name (as well as their homophones) combined together do not result in unpleasant sound or meaning. Instead, they should be combined to create pleasant sound and meaning.

Surname / Hanyu Pinyin		Homophones *	Elements
艾	Ài	爱碍嗳隘	Earth
安	Ān	谙庵鞍桉	Earth
敖	Áo	熬遨翱嗷聱	Earth
白	Bái	百柏摆伯	Water
班	Bān	斑颁般搬板	Water
包	Bāo	剥煲苞饱胞宝	Water
保	Bǎo	包饱宝褓报	Water
宝	Bǎo	保抱堡暴葆	Water
鲍	Bào	曝豹爆暴	Water
贝	Bèi	悲备狈惫辈背	Water
毕	Bì	必闭敝辟避壁碧婢	Water
边	Biān	编蝙鞭贬扁	Water
卞	Biàn	变便辩遍	Water
柏	Bó	伯驳博搏薄跛勃	Water
卜	Bǔ	补捕哺	Water
蔡	Cài	菜	Metal
曹	Cáo	槽吵嘈漕草	Metal
岑	Cén	成晨尘沉忱	Metal

* *Including variations in tone of the same phonetic alphabets.*

118

Surname / Hanyu Pinyin		Homophones	Elements
柴	Chái	豺才材	Metal
昌	Chāng	猖娼	Metal
常	Cháng	长肠尝偿徜	Metal
车	Chē		Metal
陈	Chén	臣	Metal
成	Chéng	诚城承惩橙	Metal
程	Chéng	呈乘惩成澄	Metal
池	Chí	驰持迟	Metal
迟	Chí	池持驰	Metal
储	Chǔ	处楚础除	Metal
褚	Chǔ	储厨	Metal
楚	Chǔ	褚储厨	Metal
淳	Chún	存纯淳	Metal
崔	Cuī	焕吹摧催	Metal
戴	Dài	袋代带贷待怠殆岱	Fire
刀	Dāo	叨	Fire
邓	Dèng	瞪凳	Fire
狄	Dí	迪敌笛涤滴嫡	Fire
刁	Diāo	叼凋雕貂碉	Fire
丁	Dīng	仃叮盯酊钉	Fire
董	Dǒng	懂	Fire
窦	Dòu	斗豆逗痘	Fire
杜	Dù	肚妒度渡镀	Fire
端	Duān		Fire
段	Duàn	缎锻断	Fire
樊	Fán	凡烦繁矾	Water
范	Fàn	泛饭贩梵	Water
方	Fāng	芳坊	Water
房	Fáng	访仿纺舫	Water
斐	Fěi	蜚匪悱翡	Water
费	Fèi	废沸狒痱	Water
封	Fēng	风枫疯峰锋	Water

119

Surname / Hanyu Pinyin		Homophones	Elements
丰	Fēng	封疯风	Water
风	Fēng	丰封疯	Water
冯	Féng	逢缝	Water
凤	Fèng	奉俸	Water
伏	Fú	扶芙弗佛拂伏袱浮	Water
福	Fú	俘符服幅辐伏	Water
傅	Fù	缚父赴付附	Water
		咐妇负覆赋	
盖	Gài	丐概溉钙	Wood
干	Gān	肝甘尴柑竿杆	Wood
甘	Gān	干甘尴柑竿肝	Wood
苟	Gǒu	狗枸	Wood
辜	Gū	估姑孤箍菇沽	Wood
高	Gāo	羔膏糕	Wood
戈	Gē	疙胳搁哥歌鸽割	Wood
耿	Gěng	埂哽梗	Wood
龚	Gōng	工功攻弓躬公宫	Wood
宫	Gōng	恭供躬攻工功	Wood
勾	Gōu	沟钩篝佝	Wood
古	Gǔ	鼓股骨蛊谷	Wood
谷	Gǔ	古鼓蛊	Wood
顾	Gù	故固锢雇	Wood
官	Guān	关观棺冠倌	Wood
关	Guān	官棺观冠	Wood
管	Guǎn	馆莞	Wood
桂	Guì	贵刽柜跪	Wood
郭	Guō	锅聒蝈	Wood
韩	Hán	寒含函涵晗	Water
杭	Háng	航行吭	Water
郝	Hǎo	好毫豪	Water
何	Hé	盒河合荷核和	Water
禾	Hé	何合河涸和	Water

Surname / Hanyu Pinyin		Homophones	Elements
和	Hé	禾何盒荷核	Water
贺	Hè	喝赫壑鹤	Water
赫	Hè	贺壑喝	Water
衡	Héng	痕恒横	Water
洪	Hóng	弘红虹鸿宏	Water
侯	Hóu	喉猴吼	Water
胡	Hú	狐湖瑚糊壶蝴	Water
花	Huā	哗	Water
华	Huá	划滑猾揸	Water
黄	Huáng	皇凰惶璜	Water
霍	Huò	豁祸或货获	Water
姬	Jī	几讥饥机鸡圾畸	Fire
稽	Jī	基积缉激羁箕击	Fire
吉	Jí	籍极级即急疾棘集	Fire
纪	Jǐ	几己济脊戟掎挤	Fire
季	Jì	技际妓悸迹 继寄祭绩寂	Fire
贾	Jiǎ	甲假钾	Fire
翦	Jiǎn	拣简俭碱睑	Fire
简	Jiǎn	剪减检蹇	Fire
姜	Jiāng	江将浆僵	Fire
江	Jiāng	姜疆缰将浆	Fire
蒋	Jiǎng	讲奖桨	Fire
焦	Jiāo	交郊姣胶骄教浇礁	Fire
金	Jīn	巾今矜斤津筋襟	Fire
晋	Jìn	尽近进劲禁殣浸镜敬	Fire
靳	Jìn	晋浸禁尽近进 劲镜竟	Fire
荆	Jīng	经惊精晶兢晴	Fire
居	Jū	驹拘据鞠掬	Fire
康	Kāng	慷糠	Wood
柯	Kē	苛科蝌窠棵瞌颗嗑	Wood

Surname / Hanyu Pinyin		Homophones	Elements
空	Kōng		Wood
孔	Kǒng	恐倥	Wood
匡	Kuāng	诓筐	Wood
邝	Kuàng	旷矿况眶圹框	Wood
况	Kuàng	框眶矿旷圹	Wood
赖	Lài	睐癞籁	Fire
蓝	Lán	兰拦栏岚婪澜褴	Fire
郎	Láng	狼廊榔琅螂	Fire
朗	Lǎng	烺（明亮）	Fire
劳	Láo	牢痨	Fire
乐	Lè	勒	Fire
雷	Léi	擂羸檑	Fire
冷	Lěng		Fire
黎	Lí	狸厘离梨璃犁篱	Fire
理	Lǐ	礼李里俚逦	Fire
李	Lǐ	理礼里俚逦	Fire
利	Lì	丽力历励沥 立雳吏隶	Fire
厉	Lì	丽例砺俐立隶雳励	Fire
励	Lì	利厉丽立隶力砺吏	Fire
廉	Lián	连涟怜联莲帘	Fire
连	Lián	廉怜联莲帘敛	Fire
练	Liàn	炼恋殓链	Fire
梁	Liáng	良凉梁量粮	Fire
良	Liáng	梁梁粮凉量	Fire
廖	Liào	料瞭镣	Fire
林	Lín	邻琳临瞵磷凌灵玲	Fire
凌	Líng	灵零龄伶聆陵	Fire
刘	Liú	流浏留硫琉	Fire
柳	Liǔ	绺	Fire
隆	Lóng	龙笼聋窿	Fire
龙	Lóng	隆聋笼茏	Fire

Surname / Hanyu Pinyin		Homophones	Elements
楼	Lóu	偻喽	Fire
娄	Lóu	楼偻	Fire
卢	Lú	芦炉庐颅	Fire
鲁	Lǔ	虏掳卤橹	Fire
陆	Lù	录碌路赂露	Fire
路	Lù	陆鹿戮赂露	Fire
吕	Lǚ	侣旅铝履屡缕褛	Fire
伦	Lún	仑沦轮囵	Fire
罗	Luó	逻萝锣箩螺猡	Fire
骆	Luò	络落烙摞	Fire
洛	Luò	骆落络烙洛	Fire
麻	Má	抹妈	Water
马	Mǎ	码蚂玛	Water
麦	Mài	迈卖脉	Water
满	Mǎn		Water
毛	Máo	矛茅髦锚牦	Water
茅	Máo	毛矛髦锚旄	Water
梅	Méi	没玫眉酶霉煤媒	Water
孟	Mèng	梦	Water
米	Mǐ	靡弭	Water
苗	Miáo	描瞄	Water
缪	Miào	妙庙	Water
闵	Mǐn	皿悯抿敏泯	Water
明	Míng	铭名鸣暝瞑	Water
莫	Mò	末沫莫寞漠墨默磨	Water
牟	Móu	谋眸侔缪某	Water
穆	Mù	木沐目牧幕慕睦穆	Water
那	Nā		Fire
能	Néng		Fire
倪	Ní	尼泥妮霓怩	Fire
年	Nián	粘	Fire
聂	Niè	嗫蹑孽	Fire

Surname / Hanyu Pinyin		Homophones	Elements
牛	Niú	流浏留	Fire
钮	Niǔ	忸扭纽狃	Fire
农	Nóng	侬浓脓	Fire
区	Ōu	欧讴殴鸥	Earth
欧	Ōu	讴殴鸥	Earth
潘	Pān	攀番	Water
庞	Páng	彷旁膀螃	Water
裴	Péi	陪培赔	Water
彭	Péng	盆棚朋鹏澎篷膨	Water
皮	Pí	疲枇琵啤脾裨	Water
朴	Piáo	嫖瓢	Water
平	Píng	贫频评萍凭屏瓶苹	Water
蒲	Pú	仆脯匍菩璞	Water
溥	Pǔ	朴蒲普埔谱	Water
浦	Pǔ	溥朴普埔谱	Water
戚	Qī	七妻栖期欺漆	Metal
齐	Qí	脐奇歧颀祈骑旗岐	Metal
祁	Qí	齐琪奇歧祈骑崎棋	Metal
钱	Qián	前黔虔乾潜	Metal
强	Qiáng	墙蔷樯	Metal
乔	Qiáo	侨桥憔瞧	Metal
秦	Qín	琴勤禽擒嗪	Metal
丘	Qiū	邱秋蚯楸	Metal
邱	Qiū	丘秋蚯	Metal
裘	Qiú	囚求球酋道	Metal
仇	Qiú	裘囚求球	Metal
屈	Qū	区岖驱躯曲屈诎趋	Metal
瞿	Qú	渠	Metal
全	Quán	权诠拳泉痊悭	Metal
权	Quán	全拳泉痊蜷惓	Metal
冉	Rǎn	染苒	Metal
饶	Ráo	娆荛	Metal

Surname / Hanyu Pinyin		Homophones	Elements
任	Rén	人仁	Metal
荣	Róng	容绒嵘溶熔融	Metal
容	Róng	荣融熔绒榕溶	Metal
阮	Ruǎn	软	Metal
芮	Ruì	锐瑞睿	Metal
瑞	Ruì	锐瑞	Metal
萨	Sà	飒	Metal
赛	Sài	塞	Metal
沙	Shā	杀杉莎裟纱煞	Metal
单	Shàn	讪扇善膳赡擅	Metal
商	Shāng	伤殇墒熵	Metal
邵	Shào	少劭绍哨稍	Metal
佘	Shé	舌蛇	Metal
申	Shēn	伸呻绅身参娠深	Metal
神	Shén	沈审婶什	Metal
沈	Shěn	神审哂谂	Metal
盛	Shèng	胜剩	Metal
施	Shī	尸失师诗湿	Metal
石	Shí	十石时识拾实食蚀	Metal
时	Shí	石蚀十时识拾实食	Metal
史	Shǐ	驶矢使死始屎	Metal
寿	Shòu	受授兽瘦售	Metal
舒	Shū	输书抒枢叔 淑姝殊蔬	Metal
水	Shuǐ	谁随	Metal
斯	Sī	私司丝思厮狮撕鸶	Metal
宋	Sòng	送讼颂诵	Metal
苏	Sū	酥书输殊淑	Metal
孙	Sūn	飧狲	Metal
台	Tái	抬苔胎骀	Fire
谈	Tán	坛痰弹谭潭檀	Fire
谭	Tán	谈坛痰弹檀	Fire

Surname / Hanyu Pinyin		Homophones	Elements
汤	Tāng	镗	Fire
唐	Táng	塘搪堂膛糖棠	Fire
陶	Táo	逃啕桃淘	Fire
滕	Téng	腾疼藤	Fire
田	Tián	恬甜填阗	Fire
仝	Tóng	同桐铜彤童僮	Fire
同	Tóng	童桐铜彤僮	Fire
佟	Tóng	同桐铜彤童	Fire
涂	Tú	图屠途徒荼	Fire
屠	Tú	涂图途徒荼	Fire
万	Wàn	腕	Earth
汪	Wāng		Earth
王	Wáng	亡枉网	Earth
危	Wēi	巍威偎煨微	Earth
韦	Wéi	违围为唯维桅惟	Earth
卫	Wèi	慰为未味位畏胃谓	Earth
蔚	Wèi	卫胃喂魏位味为畏	Earth
魏	Wèi	蔚卫为喂位胃畏慰	Earth
温	Wēn	瘟	Earth
文	Wén	纹蚊雯闻	Earth
闻	Wén	文纹蚊雯	Earth
翁	Wēng	瓮嗡	Earth
巫	Wū	乌呜污诬屋	Earth
邬	Wū	巫乌诬污屋	Earth
吴	Wú	无梧吾芜蜈	Earth
武	Wǔ	午五忤妩侮舞捂	Earth
伍	Wǔ	武午忤妩侮舞捂	Earth
奚	Xī	熄析夕西茜栖牺吸希昔惜息	Metal
席	Xí	习媳袭檄	Metal
习	Xí	席媳袭檄	Metal
夏	Xià	下吓厦唬	Metal

Surname / Hanyu Pinyin		Homophones	Elements
鲜	Xiān	仙先纤掀锨	Metal
冼	Xiǎn	显险鲜跣	Metal
项	Xiàng	向巷相象像橡	Metal
向	Xiàng	项巷相象像橡	Metal
萧	Xiāo	削消霄逍销嚣	Metal
谢	Xiè	泄泻卸屑械	Metal
		亵榭懈蟹	
解	Xiè	谢泄卸械屑	Metal
		亵蟹懈泻	
辛	Xīn	心芯欣昕新歆馨	Metal
邢	Xíng	形型刑行	Metal
幸	Xìng	信衅兴杏性悻姓	Metal
熊	Xióng	雄芎	Metal
徐	Xú		Metal
许	Xǔ	栩诩	Metal
宣	Xuān	轩喧暄谖	Metal
薛	Xuē	削靴	Metal
荀	Xún	旬询恂寻驯循巡	Metal
严	Yán	颜延蜒言妍	Earth
		研岩炎沿盐	
言	Yán	严研岩炎沿	Earth
		盐颜妍檐	
阎	Yán	严言盐炎岩	Earth
		研檐延颜	
颜	Yán	阎严言盐研	Earth
		炎妍檐延	
晏	Yàn	厌咽谚艳宴验雁焰	Earth
彦	Yàn	厌燕咽艳谚宴验焰	Earth
燕	Yàn	厌咽谚艳宴验焰砚	Earth
杨	Yáng	扬疡羊佯徉洋阳	Earth
阳	Yáng	杨疡羊佯徉洋扬	Earth
姚	Yáo	肴窑谣摇遥瑶	Earth

Surname / Hanyu Pinyin		Homophones	Elements
叶	Yè	业页曳夜液烨靥	Earth
蚁	Yǐ	已以迤倚椅旖	Earth
易	Yì	义议亿艺忆屹奕异毅	Earth
殷	Yīn	茵因阴音姻荫	Earth
银	Yín	吟淫寅垠	Earth
尹	Yǐn	引蚓饮隐瘾	Earth
应	Yīng	英婴莺樱鹰	Earth
英	Yīng	应婴莺樱鹰	Earth
游	Yóu	油邮由犹鱿	Earth
尤	Yóu	游邮油由犹	Earth
於	Yū	迂纡	Earth
于	Yú	娱盂予余鱼逾愚愉	Earth
余	Yú	于娱予鱼愚逾愉盂	Earth
俞	Yú	于余娱鱼愚逾瑜愉	Earth
鱼	Yú	于余俞愚娱 愉逾瑜谀	Earth
虞	Yú	谀余愚鱼娱渔隅愉	Earth
禹	Yǔ	羽雨宇语圄	Earth
郁	Yù	玉芋遇浴欲裕育狱预	Earth
尉	Yù	郁玉遇喻欲 裕育狱誉	Earth
喻	Yù	誉遇御愈预 域狱育裕玉	Earth
元	Yuán	园员圆垣援 嫒原缘源	Earth
袁	Yuán	元垣援缘猿源圆嫒	Earth
岳	Yuè	月乐悦阅越跃粤	Earth
云	Yún	芸纭匀耘昀	Earth
臧	Zāng	脏赃	Metal/Fire
曾	Zēng	憎增缯	Metal/Fire
查	Zhā	扎渣楂喳	Metal/Fire
翟	Zhái	宅择窄	Metal/Fire

Surname / Hanyu Pinyin		Homophones	Elements
詹	Zhān	占沾毡粘瞻	Metal/Fire
湛	Zhàn	站战栈绽颤	Metal/Fire
章	Zhāng	张彰獐蟑璋	Metal/Fire
张	Zhāng	章彰獐蟑璋	Metal/Fire
招	Zhāo	招钊昭朝啁	Metal/Fire
赵	Zhào	召诏照兆罩肇	Metal/Fire
甄	Zhēn	贞侦针珍真争憎斟	Metal/Fire
郑	Zhèng	阵振震朕镇	Metal/Fire
		正证政症	
钟	Zhōng	中忠衷终盅	Metal/Fire
周	Zhōu	舟州粥诌洲	Metal/Fire
朱	Zhū	洙珠蛛猪诸侏	Metal/Fire
诸	Zhū	猪朱侏诛珠株	Metal/Fire
竺	Zhú	竹筑逐烛舳	Metal/Fire
祝	Zhù	伫助住注柱著蛀铸	Metal/Fire
庄	Zhuāng	桩妆装	Metal/Fire
卓	Zhuō	拙捉桌灼	Metal/Fire
宗	Zōng	综棕终踪衷	Metal/Fire
邹	Zōu	州舟诌粥周	Metal/Fire
祖	Zǔ	阻组诅	Metal/Fire
左	Zuǒ	佐撮	Metal/Fire
东郭	Dōngguō	冬锅、冬蝈	Fire Wood
公孙	Gōngsūn	公狲	Wood Metal
皇甫	Huángfǔ	黄腐、黄府	Water Water
慕容	Mùróng	目容、木溶	Water Metal
欧阳	Ōuyáng	鸥洋、讴扬	Earth Earth
单于	Shànyú	善于	Metal Earth
上官	Shàngguān	尚观	Metal Wood
司空	Sīkōng	撕空	Metal Wood
司马	Sīmǎ	撕马、师马	Metal Water
司徒	Sītú	撕图、师徒	Metal Fire
澹台	Tántái	坛台	Fire Fire

Surname / Hanyu Pinyin		Homophones	Elements
西门	Xīmén	希扪	Metal Water
夏侯	Xiàhóu	吓猴	Metal Water
轩辕	Xuānyuán	暄源、宣圆	Metal Earth
蔚迟	Yùchí	欲迟、浴池	Earth Metal
乐正	Yuèzhèng	越正	Earth Metal
诸葛	Zhūgě	猪舸	Metal (Fire) Wood
左丘	Zuǒqiū	佐秋	Metal (Fire) Metal

II. Chinese Characters in the Five Elements

1. Metal Element : Words beginning with c, q, r, s, x or z.

Name	Hanyu Pinyin	Meaning	Name	Hanyu Pinyin	Meaning
才	Cái	talent	唱	Chàng	sing
材	Cái	material	畅	Chàng	fluent
财	Cái	wealth	倡	Chàng	initiate
裁	Cái	cut into parts	超	Chāo	exceed
采	Cǎi	gather	潮	Cháo	tide
彩	Cǎi	colour	澈	Chè	clear
蚕	Cán	silkworm	彻	Chè	thorough
灿	Càn	splendid	忱	Chén	sincere
粲	Càn	bright			feeling
沧	Cāng	dark blue	晨	Chén	morning
苍	Cāng	dark green	称	Chèn	match
草	Cǎo	grass	撑	Chēng	support
策	Cè	plan	成	Chéng	succeed
册	Cè	volume	诚	Chéng	honest
层	Céng	layer	呈	Chéng	present
察	Chá	examine	乘	Chéng	ride
查	Chá	check	承	Chéng	carry
姹	Chà	beautiful	持	Chí	hold
婵	Chán	lovely	池	Chí	pool
禅	Chán	deep	炽	Chì	flaming
		meditation	赤	Chì	red
潺	Chán	purl; murmur	翅	Chì	wing
昌	Chāng	prosperous	憧	Chōng	long for
尝	Cháng	taste	充	Chōng	sufficient
嫦	Cháng	the goddess of	冲	Chōng	thoroughfare
		the moon	崇	Chóng	high; adore
长	Cháng	long	筹	Chóu	arrange
敞	Chǎng	spacious	酬	Chóu	reward

Name	Hanyu Pinyin	Meaning	Name	Hanyu Pinyin	Meaning
初	Chū	begin	茜	Qiàn	madder
出	Chū	appear	悄	Qiāo	quiet
楚	Chǔ	pain; suffering	巧	Qiǎo	skilful
础	Chǔ	stone base	俏	Qiào	pretty
川	Chuān	river; plain	勤	Qín	diligent
传	Chuán	transmit	琴	Qín	musical
船	Chuán	boat	沁	Qìn	refreshing
窗	Chuāng	window	清	Qīng	clear
创	Chuàng	achieve	倾	Qīng	adore
闯	Chuǎng	pioneering	情	Qíng	feeling
春	Chūn	spring	晴	Qíng	fine
淳	Chún	pure	穹	Qióng	vault
纯	Chún	pure	秋	Qiū	autumn
慈	Cí	kind	趋	Qū	trend
辞	Cí	diction	趣	Qù	delight
赐	Cì	favour	权	Quán	right
聪	Cóng	intelligent	泉	Quán	spring
从	Cóng	calm	然	Rán	correct
存	Cún	live	冉	Rǎn	gradually
期	Qī	expect	仁	Rén	humanity
栖	Qī	vest	任	Rèn	appoint
期	Qí	ready	韧	Rèn	tenacity
祈	Qí	entreat	日	Rì	sun
奇	Qí	unusual	容	Róng	tolerant
启	Qǐ	enlight	荣	Róng	flourish; glory
起	Qǐ	rise	融	Róng	harmonious
恰	Qià	proper	柔	Róu	soft; gentle
谦	Qiān	modest	儒	Rú	scholar
潜	Qián	potential	如	Rú	compliance
前	Qián	front	蕊	Ruǐ	stamen
乾	Qián	universe	瑞	Ruì	lucky
			锐	Ruì	keen

Name	Hanyu Pinyin	Meaning	Name	Hanyu Pinyin	Meaning
润	Rùn	smooth	世	Shì	life
洒	Sǎ	free & easy	首	Shǒu	first
飒	Sà	valiant	授	Shòu	award
赛	Sài	competition	枢	Shū	centre
森	Sēn	forest	抒	Shū	express
杉	Shā	fir	书	Shū	book
厦	Shà	mansion	曙	Shǔ	daybreak
姗	Shān	smooth	术	Shù	skill
善	Shàn	good	帅	Shuài	graceful
赏	Shǎng	grant	爽	Shuǎng	refreshed
尚	Shàng	esteem	顺	Shùn	smoothly
涉	Shè	set foot in	朔	Shuò	new moon
社	Shè	organized	烁	Shuò	bright
设	Shè	establish	硕	Shuò	great
深	Shēn	deep	丝	Sī	silk
伸	Shēn	extend	苏	Sū	revive
绅	Shēn	gentry	溯	Sù	trace
神	Shén	spirit	塑	Sù	statue
慎	Shèn	cautious	素	Sù	white
声	Shēng	voice	肃	Sù	respectful
生	Shēng	give birth	遂	Suì	satisfy
升	Shēng	rise	邃	Suì	profound
盛	Shèng	prosperous	索	Suǒ	search
胜	Shèng	success	曦	Xī	sunlight
圣	Shèng	holy	惜	Xī	treasure
师	Shī	master	溪	Xī	stream
实	Shí	honest	翕	Xī	amiable
识	Shí	know	希	Xī	hope
时	Shí	time	悉	Xī	learn
史	Shǐ	history	夕	Xī	sunset
始	Shǐ	start	喜	Xǐ	happy
示	Shì	show	遐	Xiá	long

Name	Hanyu Pinyin	Meaning	Name	Hanyu Pinyin	Meaning
霞	Xiá	rosy clouds	序	Xù	preface
先	Xiān	earlier	续	Xù	continuous
鲜	Xiān	fresh	轩	Xuān	dignified
纤	Xiān	fine	绚	Xuàn	gorgeous
弦	Xián	string	学	Xué	learn
娴	Xián	refined	雪	Xuě	snow
贤	Xián	virtuous	勋	Xūn	achievement
显	Xiǎn	obvious	循	Xún	follow
羡	Xiàn	admire	逊	Xùn	modest
香	Xiāng	fragrant	载	Zài	carry
献	Xiàn	offer	赞	Zàn	favour
详	Xiáng	detailed	责	Zé	duty
翔	Xiáng	soar	则	Zé	standard
享	Xiǎng	enjoy	泽	Zé	water
逍	Xiāo	free	赠	Zèng	give
潇	Xiāo	natural	湛	Zhàn	profound
晓	Xiǎo	daybreak	朝	Zhāo	morning
携	Xié	take along	昭	Zhāo	clear
谐	Xié	in harmony	兆	Zhào	portend
偕	Xié	together	照	Zhào	shine
协	Xié	common	哲	Zhé	wise
新	Xīn	fresh	真	Zhēn	true
心	Xīn	mind	珍	Zhēn	treasure
欣	Xīn	glad	振	Zhèn	inspire
信	Xìn	faith	正	Zhèn	justice
兴	Xìng	rise	执	Zhí	hold
幸	Xìng	good fortune	志	Zhì	will
雄	Xióng	great ambition	致	Zhì	extend
			挚	Zhì	bosom friend
秀	Xiù	elegant	智	Zhì	wisdom
栩	Xǔ	lively	质	Zhì	nature
旭	Xù	brilliance	姿	Zī	good looks

2. Wood Element : Words beginning with g or k.

Name	Hanyu Pinyin	Meaning	Name	Hanyu Pinyin	Meaning
概	Gài	deportment	慨	Kǎi	generously
甘	Gān	sweet	楷	Kǎi	model
感	Gǎn	moved	凯	Kǎi	victory
敢	Gǎn	courageous	瞰	Kàn	overlook
刚	Gāng	strong	康	Kāng	health
高	Gāo	high	慷	Kāng	vehement
歌	Gē	song	科	Kē	science
鸽	Gē	pigeon	可	Kě	approve
革	Gé	innovation	刻	Kè	moment
耿	Gěng	bright	克	Kè	can
恭	Gōng	respectful	恳	Kěn	sincerely
巩	Gǒng	consolidate	空	Kōng	sky
谷	Gǔ	valley	快	Kuài	joyful
冠	Guàn	gold medalist	宽	Kuān	broad
观	Guān	watch	旷	Kuàng	spacious
贯	Guàn	pass through	坤	Kūn	female; earth
光	Guāng	light	扩	Kuò	expand
广	Guǎng	vast	阔	Kuò	broad
国	Guó	nation	括	Kuò	contract
开	Kāi	set up	玫	Méi	rose

3. Water Element : Words beginning with b, f, h, m or p.

Name	Hanyu Pinyin	Meaning	Name	Hanyu Pinyin	Meaning
白	Bái	white	褒	Bāo	praise
柏	Bǎi	cypress	宝	Bǎo	treasure
拜	Bài	worship	北	Běi	north
邦	Bāng	state	迸	Bèng	burst
榜	Bǎng	model	碧	Bì	green jade
苞	Bāo	bud	毕	Bì	accomplish

Name	Hanyu Pinyin	Meaning	Name	Hanyu Pinyin	Meaning
辨	Biàn	distinguish	海	Hǎi	sea
标	Biāo	mark	酣	Hān	merry
宾	Bīn	guest	含	Hán	meaning
滨	Bīn	shore	涵	Hán	self restraint
彬	Bīn	refined	汉	Hàn	man
冰	Bīng	ice	翰	Hàn	writing
昺	Bǐng	bright; brilliant	瀚	Hàn	vast
秉	Bǐng	nature	航	Háng	boat
波	Bō	wave	豪	Háo	bold
博	Bó	plentiful	浩	Hào	great
帛	Bó	silk	河	Hé	river
法	Fǎ	law	荷	Hé	lotus
帆	Fān	sail	和	Hé	gentle
繁	Fán	flourish	恒	Héng	permanent
方	Fāng	square	鸿	Hóng	swan; goose
放	Fàng	release	弘	Hóng	grand
菲	Fēi	luxuriant	泓	Hóng	deep water
绯	Fēi	red	湖	Hú	lake
丰	Fēng	abundant	华	Huá	magnificent
风	Fēng	wind	环	Huán	ring
枫	Fēng	maple	焕	Huàn	shine
芙	Fú	lotus	煌	Huáng	bright
符	Fú	sign	挥	Huī	wave
拂	Fú	stroke	慧	Huì	intelligent
抚	Fǔ	comfort	卉	Huì	grass
傅	Fù	instruct	惠	Huì	kindness
富	Fù	wealth	绘	Huì	paint
赋	Fù	compose	卉	Huì	grass
馥	Fù	strong perfume	麦	Mài	wheat
付	Fù	hand over	迈	Mài	step
			满	Mǎn	full
			漫	Màn	overflow

Name	Hanyu Pinyin	Meaning	Name	Hanyu Pinyin	Meaning
茂	Mào	splendid	庞	Páng	huge
梅	Méi	plum	陪	Péi	accompany
美	Měi	pretty	沛	Pèi	abundant
媚	Mèi	charming	佩	Pèi	admire
萌	Méng	sprout	澎	Pēng	splash
梦	Mèng	dream	朋	Péng	friend
迷	Mí	charming	辟	Pì	penetrating
弥	Mí	full	翩	Piān	lightly
敏	Mǐn	quick; agile	飘	Piāo	ware
明	Míng	bright	频	Pín	frequently
名	Míng	name	品	Pǐn	morality
铭	Míng	inscription	娉	Pīng	graceful
脉	Mò	lovingly	凭	Píng	lean on
默	Mò	silent	颇	Pō	rather
慕	Mù	admire	魄	Pò	soul
沐	Mù	immerse	谱	Pǔ	compose (music)
牧	Mù	herd	朴	Pǔ	natural
攀	Pān	climb	瀑	Pù	waterfall
畔	Pàn	side	曝	Pù	exposure
盼	Pàn	hope for			

4. Fire Element : Words beginning with d, j, l, n, t or z.

Name	Hanyu Pinyin	Meaning	Name	Hanyu Pinyin	Meaning
达	Dá	extend	典	Diǎn	law; elegant
戴	Dài	wear	奠	Diàn	establish
待	Dài	deal with	鼎	Dǐng	great prosperity
诞	Dàn	birth	定	Dìng	calm
旦	Dàn	daybreak	懂	Dǒng	understand
导	Dǎo	guide	栋	Dòng	pillar
道	Dào	way	渡	Dù	cross
德	Dé	moral			

Name	Hanyu Pinyin	Meaning	Name	Hanyu Pinyin	Meaning
敦	Dūn	honest	节	Jié	moral integrity
激	Jī	excite			
迹	Jī	trace	捷	Jié	prompt
绩	Jī	achievement	杰	Jié	outstanding
基	Jī	base	津	Jīn	fluid
籍	Jí	book	金	Jīn	gold
辑	Jí	edit	谨	Jǐn	cautious
济	Jì	benefit	锦	Jǐn	beautiful
寂	Jì	quiet	进	Jìn	advance
技	Jì	ability	晋	Jìn	promote
寄	Jì	send	劲	Jìn	energy
季	Jì	season	精	Jīng	perfect
记	Jì	remember	晶	Jīng	brilliant
继	Jì	follow	景	Jǐng	view
家	Jiā	family	竟	Jìng	complete
佳	Jiā	fine	竞	Jìng	compete
嘉	Jiā	good	静	Jìng	still
笺	Jiān	writing paper	靖	Jìng	peace
			敬	Jìng	respect
坚	Jiān	firm	径	Jìng	footpath
鉴	Jiàn	appreciate	炯	Jiǒng	shining
剑	Jiàn	sword	居	Jū	reside
建	Jiàn	build	举	Jǔ	lift
健	Jiàn	strong	矩	Jǔ	rules
江	Jiāng	river	聚	Jù	gather
奖	Jiāng	praise	涓	Juān	a tiny stream
娇	Jiāo	lovely	娟	Juān	graceful
皎	Jiǎo	clear & bright	镌	Juān	engrave
佼	Jiǎo	handsome	隽	Jùan	meaningful
教	Jiào	instruct	觉	Jué	awake
皆	Jiē	all	决	Jué	decide
洁	Jié	clean	崛	Jué	rise sharply

Name	Hanyu Pinyin	Meaning	Name	Hanyu Pinyin	Meaning
均	Jūn	equal	龙	Lóng	dragon
君	Jūn	supreme	茏	Lóng	luxuriantly green
岚	Lán	haze			
览	Lǎn	see; read	隆	Lóng	prosperous
朗	Lǎng	light	路	Lù	way
浪	Làng	wave	露	Lù	dew
乐	Lè	happy	旅	Lǚ	route
蕾	Lěi	flower	侣	Lǚ	companion
磊	Lěi	open; upright	履	Lǚ	fulfil
黎	Lí	daybreak	虑	Lǜ	think over
礼	Lǐ	manner	律	Lǜ	law
理	Lǐ	reason; logic	绿	Lǜ	green
立	Lì	stand	略	Lüè	brief
历	Lì	undergo	轮	Lún	wheel
联	Lián	unite	伦	Lún	moral principles
良	Liáng	fine			
谅	Liàng	understand	论	Lùn	thesis
嘹	Liáo	loud & clear	逻	Luó	logic
辽	Liáo	faraway; vast	纳	Nà	admit
列	Liè	arrange	耐	Nài	endure
烈	Liè	strong	拟	Nǐ	draw up
林	Lín	forest	宁	Níng	peaceful
霖	Lín	rain	努	Nǔ	try hard
临	Lín	overlook	暖	Nuǎn	warm
凌	Líng	rise high	诺	Nuò	promise
玲	Líng	delicately	踏	Tā	steady
伶	Líng	clever	台	Tái	stage
灵	Líng	clever & quick	泰	Tài	safe; peace
			滩	Tān	beach
浏	Liú	glance over	坛	Tán	world
琉	Liú	coloured	潭	Tán	deep pool
柳	Liǔ	willow	坦	Tǎn	frank

Name	Hanyu Pinyin	Meaning	Name	Hanyu Pinyin	Meaning
探	Tàn	explore	恬	Tián	peaceful
棠	Táng	cherry	眺	Tiào	look for
淌	Tǎng	trickle	挺	Tǐng	straight
涛	Tāo	great waves	透	Tòu	penetrating
韬	Tāo	military	途	Tú	way
题	Tí	subject	拓	Tuò	develop
天	Tiān	heaven			

5. Earth Element : Words beginning with a, w, y, e or o.

Name	Hanyu Pinyin	Meaning	Name	Hanyu Pinyin	Meaning
皑	Án	pure white	文	Wén	literary
蔼	Ǎi	friendly	稳	Wěn	steady
爱	Ài	love	沃	Wò	rich
安	Ān	peace	握	Wò	hold
谙	Ān	know well	梧	Wú	parasol
昂	Áng	high-spirited	武	Wǔ	military
盎	Àng	full	妩	Wǔ	charming
遨	Áo	roam	舞	Wǔ	dance
翱	Áo	soar	雾	Wù	fine spray
奥	Ào	profound	崖	Yá	cliff
婉	Wǎn	gentle	芽	Yá	sprout
望	Wàng	look out	嫣	Yān	bright red
威	Wēi	power	胭	Yān	rouge
巍	Wēi	towering	颜	Yán	colour
维	Wéi	thought	言	Yán	speech
纬	Wěi	weft	研	Yán	research
委	Wěi	appoint	沿	Yán	follow
娓	Wěi	sound attractive	演	Yǎn	perform; develop
慰	Wèi	comfort	衍	Yǎn	develop
蔚	Wèi	grand	艳	Yàn	gorgeous
温	Wēn	warm	仰	Yǎng	admire

Name	Hanyu Pinyin	Meaning	Name	Hanyu Pinyin	Meaning
漾	Yàng	ripple	涌	Yǒng	pour
窈	Yǎo	graceful	幽	Yōu	deep
叶	Yè	leaf	悠	Yōu	remote; leisurely
业	Yè	business			
依	Yī	rely on	友	Yǒu	friend
宜	Yí	suitable	娱	Yú	amuse
仪	Yí	glory	逾	Yú	exceed
怡	Yí	cheerful	宇	Yǔ	universe
旖	Yǐ	charming	雨	Yǔ	rain
奕	Yì	vitality	羽	Yǔ	feather
溢	Yì	overflow	予	Yǔ	give
谊	Yì	friendship	育	Yù	educate
易	Yì	easy	玉	Yù	jade
义	Yì	justice	域	Yù	land
屹	Yì	stand	愈	Yù	cover
逸	Yì	leisure	喻	Yù	make clear
毅	Yì	willpower	悦	Yuè	pleased
艺	Yì	art	芸	Yún	many
银	Yín	silver	匀	Yún	smooth
引	Yǐn	draw	蕴	Yùn	implication
英	Yīng	flower; outstanding	韵	Yùn	musical sound
萦	Yíng	hover	婀	Ē	graceful
盈	Yíng	be full of	娥	É	pretty woman
迎	Yíng	welcome			
颖	Yǐng	intelligent	恩	Ēn	favour
映	Yìng	shine upon	迩	Ěr	near
咏	Yǒng	sing of	鸥	Ōu	gull

III. Phrases and Idioms Used for Names of Siblings

1.   Two-Character Phrases:

Phrase	Meaning	Suggested names (m = male; f = female)
ài mù (爱慕)	admire; adore	Àiyì (爱艺) (f/m), Mùyì (慕艺) (f/m);
ān dìng (安定)	quiet; settled	Tóng'ān (同安) (m), Tóngdìng (同定) (m); Ānlíng (安玲) (f), Dìnglíng (定玲) (f);
ān jìng (安静)	quiet; settled	Ānpíng (安平) (m), Jìngpíng (静平) (m/f); Wén'ān (文安) (m), Wénjìng (文静) (f);
áng yáng (昂扬)	high-spirited	Zhì'áng (志昂) (m), Zhìyáng (志扬) (m); Gāo'áng (高昂) (m), Gāoyáng (高扬) (m);
áo yóu (遨游)	stroll; saunter	Yún'áo (云遨) (m), Yúnyóu (云游) (m); Chàng'áo (畅遨) (m), Chàngyóu (畅游) (m);
áo xiáng (遨翔)	soar; hover	Áofēi (遨飞) (m), Xiángfēi (翔飞) (m); Áoshēng (遨生) (m), Xiángshēng (翔生) (m);

ào miào (奥妙)	profound; subtle; mysterious	Àochūn (奥春) (m), Miàochūn (妙春) (f); Àoqí (奥琪) (f), Miàoqí (妙琪) (f);
bái huá (白桦)	white birch	Báilín (白林) (m), Huàlín (桦林) (m); Báibīn (白彬) (m/f), Huàbīn (桦彬) (m);
bāng lián (邦联)	confederation	Ānbāng (安邦) (m), Ānlián (安联) (m); Yǒubāng (友邦) (m), Yǒulián (友联) (m);
bǎng yàng (榜样)	model; example	Míngbǎng (名榜) (m), Míngyàng (名样) (m); Bǎngjǔ (榜举) (m), Yàngjǔ (样举) (m);
bāo jiǎng (褒奖)	praise; honour; award	Jiābāo (佳褒) (f), Jiājiǎng (佳奖) (m); Sībāo (思褒) (f/m), Sījiǎng (思奖) (m);
bǎo bèi (宝贝)	darling; treasure	Bǎolín (宝霖) (f), Bèilín (贝霖) (f); Bǎolíng (宝灵) (m), Bèilíng (贝灵) (f);
bǎo hù (保护)	protect; safeguard	Bǎoxīn (保新) (m), Hùxīn (护新) (m); Bǎoyì (保谊) (m), Hùyì (护谊) (m);

bèi lěi (蓓蕾)　　bud　　　　　Yínbèi (银蓓) (f),
　　　　　　　　　　　　　　　Yínlěi (银蕾) (f);
　　　　　　　　　　　　　　　Rúbèi (如蓓) (f),
　　　　　　　　　　　　　　　Rúlěi (如蕾) (f);

bēn chí (奔驰)　　speed; gallop on　　Jiébēn (杰奔) (m),
　　　　　　　　　　　　　　　Jiéchí (杰驰) (m);
　　　　　　　　　　　　　　　Yǒngbēn (勇奔) (m),
　　　　　　　　　　　　　　　Yǒngchí (勇驰) (m);

bēn téng (奔腾)　　speed; gallop on　　Bēnxiáng (奔翔) (m),
　　　　　　　　　　　　　　　Téngxiáng (腾翔) (m);
　　　　　　　　　　　　　　　Bēnyuè (奔跃) (m),
　　　　　　　　　　　　　　　Téngyuè (腾跃) (m);

bì lǜ (碧绿)　　　dark green　　　　Bìyún (碧筠) (f),
　　　　　　　　　　　　　　　Lǜyún (绿筠) (f);
　　　　　　　　　　　　　　　Bìyīn (碧茵) (f),
　　　　　　　　　　　　　　　Lǜyīn (绿茵) (f);

biàn xī (辨析)　　analyse;　　　　Míngbiàn (明辨) (m),
　　　　　　　　　differentiate　　Míngxī (明析) (m);
　　　　　　　　　　　　　　　Zhībiàn (知辨) (m),
　　　　　　　　　　　　　　　Zhīxī (知析) (m);

bǐng hé (秉和)　　fair-minded;　　Bǐngqián (秉乾) (m),
　　　　　　　　　gentle-natured　　Héqián (和乾) (m);
　　　　　　　　　　　　　　　Míngbǐng (明秉) (m/f),
　　　　　　　　　　　　　　　Mínghé (明和) (m/f);

biāo zhì (标致)　　attractive;　　　Yuèbiāo (越标) (m),
　　　　　　　　　handsome　　　Yuèzhì (越致) (m);
　　　　　　　　　　　　　　　Yuǎnbiāo (远标) (m),
　　　　　　　　　　　　　　　Yuǎnzhì (远致) (m);

biǎo míng (表明) | make known; state clearly | Biǎoxìn (表信) (m), Míngxìn (明信) (m); Biǎoshàn (表善) (m), Míngshàn (明善) (m);

bīn hǎi (滨海) | by the sea | Bīnchéng (滨诚) (m/f), Hǎichéng (海诚) (m/f); Bīnlíng (滨玲) (f), Hǎilíng (海玲) (f);

bīng xuě (冰雪) | ice and snow; snowy | Bīngqīng (冰清) (f/m), Xuěqīng (雪清) (f/m); Bīngjié (冰洁) (f), Xuějié (雪洁) (f);

bǐng fù (秉赋) | gift; natural endowment | Bǐngchéng (秉诚) (m), Fùchéng (赋诚) (m); Bǐngzhì (秉智) (m), Fùzhì (赋智) (m);

bō lán (波澜) | billows; waves | Bìbō (碧波) (f), Bìlán (碧澜) (f); Jīnbō (金波) (f/m), Jīnlán (金澜) (f/m);

bó yǎ (博雅) | learned | Bódá (博达) (m), Yǎdá (雅达) (f); Bówén (博文) (m), Yǎwén (雅文) (f);

cái huá (才华) | talent | Shuòcái (硕才) (m), Shuòhuá (硕华) (m); Zhǎncái (展才) (m), Zhǎnhuá (展华) (m);

cǎi huì (彩绘)	coloured painting	Cǎixiá (彩霞) (f), Huìxiá (绘霞) (f); Wéncǎi (文彩) (f), Wénhuì (文绘) (f);
cāng hǎi (沧海)	the sea	Cāngsù (沧粟) (m), Hǎisù (海粟) (m); Cāngshèng (沧盛) (m), Hǎishèng (海盛) (m);
cè lüè (策略)	tactics	Qúncè (群策) (m), Qúnlüè (群略) (m); Guócè (国策) (m), Guólüè (国略) (m);
chán wù (禅悟)	realization through contemplation	Tǐchán (体禅) (m), Tǐwù (体悟) (m); Yǔchán (宇禅) (m), Yǔwù (宇悟) (m);
chāng shèng (昌盛)	prosperity	Chāngyí (昌宜) (m), Shèngyí (盛宜) (m); Chāngmào (昌茂) (m), Shèngmào (盛茂) (m);
cháng qīng (常青)	evergreen	Chángkūn (常昆) (m), Qīngkūn (青昆) (m); Yǒngcháng (永常) (m), Yǒngqīng (永青) (m);
cháng yáng (徜徉)	wander; roam	Chángwàng (徜望) (m), Yángwàng (徉望) (m); Chánghé (徜和) (m), Yánghé (徉和) (m);

chàng dá（畅达）   fluent; smooth   Chàngyì（畅意）(m),
Dáyì（达意）(m);
Chàngyuán（畅源）(m),
Dáyuán（达源）(m);

chāo yuè（超越）   surpass   Zìchāo（自超）(m),
Zìyuè（自越）(m);
Chāohuī（超晖）(m),
Yuèhuī（越晖）(m);

zhāo huī（朝晖）   morning sunlight   Yúnzhāo（云朝）(m/f),
Yúnhuī（云晖）(m);
Zhāoyào（朝耀）(m),
Huīyào（晖耀）(m);

chén guāng（晨光）   morning sunlight   Xīngchén（星晨）(f/m),
Xīngguāng（星光）(f/m);
Qǐchén（绮晨）(f),
Qǐguāng（绮光）(f);

chéng gōng（成功）   success   Yìchéng（益成）(m),
Yìgōng（益功）(m);
Wùchéng（务成）(m),
Wùgōng（务功）(m);

chéng zhì（诚挚）   sincere; cordial   Chéngxián（诚贤）(m),
Zhìxián（挚贤）(m);
Yǐchéng（以诚）(m),
Yǐzhì（以挚）(m);

chéng míng（澄明）   clear; transparent   Chéngxīn（澄新）(m),
Míngxīn（明新）(m);
Chéngxī（澄溪）(m/f),
Míngxī（明溪）(m/f);

chí chěng (驰骋)	gallop	Guǎngchí (广驰) (m), Guǎngchěng (广骋)(m); Yìchí (意驰) (m/f), Yìchěng (意骋) (m/f);
chōng jǐng (憧憬)	yearn for	Chōnghuì (憧慧) (f), Jǐnghuì (憬慧) (f); Chōngzé (憧泽) (m), Jǐngzé (憬泽) (m);
chōng pèi (充沛)	plentiful; abundant	Xīngchōng (兴充) (m), Xīngpèi (兴沛) (m/f); Chōngjǐn (充锦) (m), Pèijǐn (沛锦) (f);
chóng shàng (崇尚)	uphold	Chóngxīn (崇欣) (m), Shàngxīn (尚欣) (m); Měichóng (美崇) (f), Měishàng (美尚) (f);
chuán sòng (传诵)	be widely read	Mùchuán (慕传) (m), Mùsòng (慕诵) (m/f); Yèchuán (业传) (m), Yèsòng (业诵) (m);
chuàng lì (创立)	create; found	Chuàngjī (创基) (m), Lìjī (立基) (m); Chuàngyīng (创英) (m/f), Lìyīng (立英) (m/f);
chūn qiū (春秋)	spring and autumn; years	Chūnlán (春兰) (f), Qiūlán (秋兰) (f); Chūnhuì (春卉) (f), Qiūhuì (秋卉) (f);

chún jié (纯洁)	pure; honest	Chúnhuá (纯华) (f/m), Jiéhuá (洁华) (f/m); Déchún (德纯) (m/f), Déjié (德洁) (m/f);
cí shàn (慈善)	benevolent; charitable	Sūcí (苏慈) (f/m), Sūshàn (苏善) (f/m); Cíyuǎn (慈远) (m), Shànyuǎn (善远) (m);
cí shū (辞书)	dictionary	Bǐngcí (秉辞) (m/f), Bǐngshū (秉书) (m/f); Dìngcí (定辞) (m), Dìngshū (定书) (m/f);
cōng huì (聪慧)	bright; intelligent	Mǐncōng (敏聪) (f/m), Mǐnhuì (敏慧) (f); Cōngyì (聪艺) (m/f), Huìyì (慧艺) (f);
dá yì (达意)	express ideas	Qíndá (勤达) (m), Qínyì (勤意) (m/f); Héngdá (恒达) (m), Héngyì (恒意) (m/f);
dān qīng (丹青)	painting	Hándān (涵丹) (f/m), Hánqīng (涵青) (f/m); Míngdān (铭丹) (m), Míngqīng (铭青) (m);
dào yì (道义)	morality and justice	Bódào (博道) (m), Bóyì (博义) (m); Dàocāo (道操) (m), Yìcāo (义操) (m);

dào lù (道路)	road; way	Dàolín (道林) (m), Lùlín (路林) (m); Dàohóng (道鸿) (m), Lùhóng (路鸿) (m);
dào dé (道德)	morality	Wéndào (文道) (m), Wéndé (文德) (m); Dàoyí (道怡) (f/m), Déyí (德怡) (m/f);
diǎn yǎ (典雅)	refined; elegant	Diǎnfāng (典芳) (f), Yǎfāng (雅芳) (f); Diǎnzhì (典致) (f), Yǎzhì (雅致) (f);
dǐng shèng (鼎盛)	at the height of power and splendour	Dǐngchāng (鼎昌) (m), Shèngchāng (盛昌) (m); Dǐngyuán (鼎元) (m), Shèngyuán (盛元) (m);
duān zhuāng (端庄)	dignified; sedate	Duānyí (端仪) (f), Zhuāngyí (庄仪) (f); Duānníng (端宁) (f/m), Zhuāngníng (庄宁) (f/m);
dūn mù (敦睦)	promote friendly relations	Dūnqiān (敦谦) (m), Mùqiān (睦谦) (m); Dūnróng (敦蓉) (f), Mùróng (睦蓉) (f);
ēn cì (恩赐)	bestow favour	Ēnzé (恩泽) (m), Cìzé (赐泽) (m/f); Kāng'ēn (康恩) (m), Kāngcì (康赐) (m);

fā dá (发达)	developed; promote	Wéifā (维发) (m), Wéidá (维达) (m); Fāxiáng (发祥) (m), Dáxiáng (达祥) (m);
fǎ lǜ (法律)	law	Fǎyuán (法源) (m), Lǜyuán (律源) (m); Fǎchū (法初) (m), Lǜchū (律初) (m);
fán mào (繁茂)	lush; luxuriant	Bǐngfán (炳繁) (m), Bǐngmào (炳茂) (m); Yángfán (扬繁) (m), Yángmào (扬茂) (m);
fèn qǐ (奋起)	be braced for; exert	Fènfēi (奋飞) (m), Qǐfēi (起飞) (m); Xuéfèn (学奋) (m), Xuéqǐ (学起) (m);
fēng shuò (丰硕)	plentiful	Zhìfēng (智丰) (m), Zhìshuò (智硕) (m); Fēngyíng (丰盈) (f/m), Shuòyíng (硕盈) (f/m);
fēng yíng (丰盈)	well-developed	Huìfēng (惠丰) (m/f), Huìyíng (惠盈) (f); Xuěfēng (雪丰) (f/m), Xuěyíng (雪盈) (f);
fù yuán (富源)	source of riches	Fùkūn (富坤) (m), Yuánkūn (源坤) (m); Fùlín (富霖) (m), Yuánlín (源霖) (m);

gān lín (甘霖)	timely rain	Chūngān (春甘) (m), Chūnlín (春霖) (m/f); Sùgān (粟甘) (m), Sùlín (粟霖) (f/m);
gēng xīn (更新)	renew; replace	Gēngnán (更南) (m), Xīnnán (新南) (m/f); Gēngjì (更济) (m), Xīnjì (新济) (m);
gěng zhí (耿直)	honest and frank	Jìnggěng (敬耿) (m), Jìngzhí (敬直) (m); Gěngzhōng (耿中) (m), Zhízhōng (直中) (m);
gǒng gù (巩固)	consolidate; strengthen	Gǒnglì (巩力) (m), Gùlì (固力) (m); Gǒnghéng (巩恒) (m), Gùhéng (固恒) (m);
gòng tóng (共同)	shared; common	Gòngxīn (共欣) (m), Tóngxīn (同欣) (m/f); Gòngyǒng (共咏) (m), Tóngyǒng (同咏) (m);
guān shǎng (观赏)	enjoy the sight of	Guānxù (观煦) (m), Shǎngxù (赏煦) (m/f); Guānhóng (观弘) (m), Shǎnghóng (赏弘) (m);
guāng míng (光明)	light; bright	Guāngzhào (光昭) (m/f), Míngzhào (明昭) (m/f); Guāngxiá (光霞) (f), Míngxiá (明霞) (f);

guǎng kuò (广阔)	vast; broad	Yìguǎng (逸广) (m), Yìkuò (逸阔) (m); Wùguǎng (悟广) (m), Wùkuò (悟阔) (m);
guī lǜ (规律)	law; regular pattern	Jiànguī (建规) (m), Jiànlǜ (建律) (m); Tànguī (探规) (m), Tànlǜ (探律) (m);
guì lì (瑰丽)	magnificent; gorgeous	Guìwěi (瑰纬) (f/m), Lìwěi (丽纬) (f); Guìqí (瑰琪) (f), Lìqí (丽琪) (f);
guó mín (国民)	national; citizen	Guóshēng (国生) (m), Mínshēng (民生) (m); Zhìguó (治国) (m), Zhìmín (治民) (m);
hǎi yáng (海洋)	ocean; sea	Mènghǎi (梦海) (m/f), Mèngyáng (梦洋) (m/f); Tàhǎi (踏海) (m), Tàyáng (踏洋) (m);
háo jié (豪杰)	hero	Jiāháo (家豪) (m), Jiājié (家杰) (m); Yīngháo (英豪) (m), Yīngjié (英杰) (m);
hào hàn (浩瀚)	vast	Hàobō (浩波) (m), Hànbō (瀚波) (m); Péihào (培浩) (m/f), Péihàn (培瀚) (m/f);

hé shān (河山)	rivers and mountains; territory	Yìhé (翼河) (m/f), Yìshān (翼山) (M); Jǐnghé (景河) (m/f), Jǐngshān (景山) (m);
hé'ǎi (和蔼)	kindly; amiable	Zǐhé (子和) (m), Zǐ'ǎi (子蔼) (m/f); Guǎnghé (广和) (m), Guǎng'ǎi (广蔼) (m/f);
héng cháng (恒长)	permanent and lasting	Mínghéng (铭恒) (m), Míngcháng (铭长) (m); Hénghuàn (恒焕) (m), Chánghuàn (长焕) (m);
hóng yàn (鸿雁)	swan; goose	Hóngyǐng (鸿影) (m/f), Yànyǐng (雁影) (m/f); Hóngmíng (鸿鸣) (m/f), Yànmíng (雁鸣) (m/f);
hóng wěi (宏伟)	grand; magnificent	Hóngxuān (宏轩) (m), Wěixuān (伟轩) (m); Zhènghóng (正宏) (m), Zhèngwěi (正伟) (m);
hú bīn (湖滨)	lakeside	Húyí (湖怡) (f), Bīnyí (滨怡) (f); Línghú (玲湖) (f), Língbīn (玲滨) (f);
huī yìng (辉映)	shine; reflect	Rìhuī (日辉) (m), Rìyìng (日映) (f); Qínghuī (晴辉) (m/f), Qíngyìng (晴映) (f);

huì cuì (荟萃)   assemble; gather together   Huìyè (荟叶) (f),
Cuìyè (萃叶) (f);
Huìzhēn (荟珍) (f),
Cuìzhēn (萃珍) (f);

jì shù (技术)   technology; skill   Yǎnjì (演技) (m),
Yǎnshù (演术) (m);
Huáijì (怀技) (m),
Huáishù (怀术) (m);

jiā yè (家业)   family property   Jiāzhèn (家振) (m),
Yèzhèn (业振) (m);
Jìjiā (济家) (m),
Jìyè (济业) (m);

jiān rèn (坚韧)   firm; tenacious   Rìjiān (日坚) (m),
Rìrèn (日韧) (m);
Yìjiān (益坚) (m),
Yìrèn (益韧) (m);

jiǎn jié (简捷)   simple and direct   Jiǎnsī (简思) (m/f),
Jiésī (捷思) (m/f);
Wénjiǎn (文简) (m/f),
Wénjié (文捷) (m/f);

jiàn měi (健美)   vigorous and graceful   Jùnjiàn (俊健) (m),
Jùnměi (俊美) (m/f);
Jiànxiù (健秀) (m/f),
Měixiù (美秀) (f);

jiào xué (教学)   teaching; education   Zhìjiào (致教) (m/f),
Zhìxué (致学) (m/f);
Qiújiào (求教) (m/f),
Qiúxué (求学) (m/f);

jiāo mèi (娇媚)　　　sweet and charming　　Yùjiāo (玉娇) (f),
　　　　　　　　　　　　　　　　　　　　　　　　Yùmèi (玉媚) (f);
　　　　　　　　　　　　　　　　　　　　　　　　Chǔjiāo (楚娇) (f),
　　　　　　　　　　　　　　　　　　　　　　　　Chǔmèi (楚媚) (f);

jiǎo jié (皎洁)　　　bright and clear　　　Jiǎojìng (皎静) (f),
　　　　　　　　　　　　　　　　　　　　　　　　Jiéjìng (洁静) (f);
　　　　　　　　　　　　　　　　　　　　　　　　Yuèjiǎo (月皎) (f),
　　　　　　　　　　　　　　　　　　　　　　　　Yuèjié (月洁) (f);

jié mǐn (捷敏)　　　nimble; dexterous　　Ruòjié (若捷) (m),
　　　　　　　　　　　　　　　　　　　　　　　　Ruòmǐn (若敏) (f);
　　　　　　　　　　　　　　　　　　　　　　　　Yànjié (燕捷) (m/f),
　　　　　　　　　　　　　　　　　　　　　　　　Yànmǐn (燕敏) (f);

jīn yù (金玉)　　　gold and jade;　　　Jīnchán (金蝉) (f),
　　　　　　　　　　　　precious　　　　　　Yùchán (玉蝉) (f);
　　　　　　　　　　　　　　　　　　　　　　　　Jīnchún (金纯) (f/m),
　　　　　　　　　　　　　　　　　　　　　　　　Yùchún (玉纯) (f);

jǐn shèn (谨慎)　　　prudent; cautious　　Jǐnyán (谨言) (m),
　　　　　　　　　　　　　　　　　　　　　　　　Shènyán (慎言) (m);
　　　　　　　　　　　　　　　　　　　　　　　　Jǐnqǐ (谨启) (m),
　　　　　　　　　　　　　　　　　　　　　　　　Shènqǐ (慎启) (m);

jǐn xiù (锦绣)　　　beautiful; splendid　　Yǔjǐn (羽锦) (m),
　　　　　　　　　　　　　　　　　　　　　　　　Yǔxiù (羽绣) (f);
　　　　　　　　　　　　　　　　　　　　　　　　Jǐnchéng (锦程) (m),
　　　　　　　　　　　　　　　　　　　　　　　　Xiùchéng (绣程) (m/f);

jīng qiǎo (精巧)　　　exquisite; ingenious　　Jīngzhēn (精真) (m),
　　　　　　　　　　　　　　　　　　　　　　　　Qiǎozhēn (巧真) (f);
　　　　　　　　　　　　　　　　　　　　　　　　Qǔjīng (趣精) (m),
　　　　　　　　　　　　　　　　　　　　　　　　Qǔqiǎo (趣巧) (f);

jīng yíng (晶莹)	sparkling; glistening	Jīnggé (晶格) (m), Yínggé (莹格) (f); Jīngchún (晶纯) (f), Yíngchún (莹纯) (f);
jīng wěi (经纬)	horizontal and vertical lines	Xiàngjīng (向经) (m), Xiàngwěi (向纬) (m); Jīngchāo (经超) (m), Wěichāo (纬超) (m);
jìng sài (竞赛)	compete; contest	Jìngjì (竞技) (m), Sàijì (赛技) (m); Jìngháng (竞航) (m), Sàiháng (赛航) (m);
jìng mù (静穆)	solemn and quiet	Xúnjìng (循静) (m/f), Xúnmù (循穆) (m); Jìngxián (静娴) (f), Mùxián (穆娴) (f);
jìng yǎng (敬仰)	revere; venerate	Jìngmù (敬慕) (m), Yǎngmù (仰慕) (m); Jìngcí (敬辞) (m), Yǎngcí (仰辞) (m);
juān xiù (娟秀)	graceful	Sùjuān (素娟) (f), Sùxiù (素秀) (f); Qiǎojuān (巧娟) (f), Qiǎoxiù (巧秀) (f);
juàn yǒng (隽永)	meaningful	Juàntáng (隽棠) (m/f), Yǒngtáng (永棠) (m); Juànxīn (隽新) (m/f), Yǒngxīn (永新) (m);

jūn héng (均衡)	balance	Jūnguān (均冠) (m),
		Héngguān (衡冠) (m);
		Shàngjūn (尚均) (m),
		Shànghéng (尚衡) (m);
jùn jié (俊杰)	hero; an outstanding person	Shìjùn (适俊) (m),
		Shìjié (适杰) (m);
		Jùnchí (俊驰) (m),
		Jiéchí (杰驰) (m);
kāi tuō (开拓)	develop; open up	Zìkāi (自开) (m),
		Zìtuō (自拓) (m);
		Kāitǎn (开坦) (m),
		Tuōtǎn (拓坦) (m);
kǎi xuán (凯旋)	triumphant return	Gēkǎi (歌凯) (m),
		Gēxuán (歌旋) (f);
		Kǎilǜ (凯律) (f/m),
		Xuánlǜ (旋律) (f/m);
kē yán (科研)	scientific research	Míngkē (明科) (m),
		Míngyán (明研) (m);
		Zhèngkē (正科) (m),
		Zhèngyán (正研) (m);
kěn zhì (恳挚)	earnest; sincere	Kěndiǎn (恳典) (m),
		Zhìdiǎn (挚典) (m/f);
		Liángkěn (良恳) (m),
		Liángzhì (良挚) (m);
lè tiān (乐天)	optimistic; carefree	Cìlè (赐乐) (m/f),
		Cìtiān (赐天) (m);
		Lèkǎi (乐凯) (m/f),
		Tiānkǎi (天凯) (m);

lí míng (黎明)	dawn; daybreak	Líhuī (黎晖) (m), Mínghuī (明晖) (m); Qǐlí (启黎) (m), Qǐmíng (启明) (m);
lián hé (联合)	unite; ally	Liánchéng (联成) (m), Héchéng (合成) (m); Fānglián (方联) (m), Fānghé (方合) (m);
lián yī (涟漪)	ripples; waves	Xuělián (雪涟) (f), Xuěyī (雪漪) (f); Shuǐlián (水涟) (f), Shuǐyī (水漪) (f);
lín láng (琳琅)	jade; gem	Bìlín (碧琳) (f), Bìláng (碧琅) (f); Pèilín (佩琳) (f), Pèiláng (佩琅) (f);
líng yún (凌云)	soar to the skies	Língbō (凌波) (f/m), Yúnbō (云波) (f/m); Língzhì (凌志) (m), Yúnzhì (云志) (m);
líng mǐn (灵敏)	keen; agile	Sīlíng (思灵) (m), Sīmǐn (思敏) (f); Qìnglíng (庆灵) (m), Qìngmǐn (庆敏) (m/f);
lún lǐ (伦理)	ethics; moral principles	Yùlún (育伦) (m), Yùlǐ (育理) (m); Shènglún (胜伦) (m), Shènglǐ (胜理) (m);

méi guì (玫瑰)	rose	Lìméi (丽玫) (f), Lìguì (丽瑰) (f); Méizī (玫姿) (f), Guìzī (瑰姿) (f);
měi miào (美妙)	splendid; wonderful	Měitíng (美婷) (f), Miàotíng (妙婷) (f); Měilíng (美玲) (f), Miàolíng (妙玲) (f);
míng lǎng (明朗)	bright and clear	Xiǎomíng (晓明) (f/m), Xiǎolǎng (晓朗) (f/m); Míngzhī (明之) (m), Lǎngzhī (朗之) (m);
nán běi (南北)	north and south	Nándí (南迪) (m/f), Běidí (北迪) (m/f); Jǐngnán (景南) (m/f), Jǐngběi (景北) (m/f);
pān dēng (攀登)	climb; scale	Pānjǔ (攀举) (m), Dēngjǔ (登举) (m);
péng pài (澎湃)	surge	Huáipéng (怀澎) (m), Huáipài (怀湃) (m); Pénglún (澎伦) (m), Pàilún (湃伦) (m);
péng yǒu (朋友)	friend	Yúnpéng (云朋) (m/f), Yúnyǒu (云友) (m/f); Yíngpéng (迎朋) (m/f), Yíngyǒu (迎友) (m/f);

pǐn gé (品格)	moral character	Pǐnzhāng (品彰) (m), Gézhāng (格彰) (m); Yǎpǐn (雅品) (f), Yǎgé (雅格) (f);
qǐ lì (绮丽)	beautiful; gorgeous	Pèiqǐ (沛绮) (f), Pèilì (沛丽) (f); Qǐfèng (绮凤) (f), Lìfèng (丽凤) (f);
qiān xùn (谦逊)	modest; unassuming	Jūnqiān (君谦) (m), Jūnxùn (君逊) (m); Qiānxìn (谦信) (m), Xùnxìn (逊信) (m);
qián kūn (乾坤)	universe	Dìngqián (定乾) (m), Dìngkūn (定坤) (m); Lìqián (立乾) (m), Lìkūn (立坤) (m);
qīng chè (清澈)	limpid; clear	Qīngyíng (清莹) (f), Chèyíng (澈莹) (f); Yìqīng (一清) (m/f), Yíchè (一澈) (m/f);
quán yuán (泉源)	fountainhead	Sùquán (溯泉) (m), Sùyuán (溯源) (m); Kāiquán (开泉) (m), Kāiyuán (开源) (m);
rén cí (仁慈)	benevolent; kind	Jìnrén (尽仁) (m), Jìncí (尽慈) (m); Rénshèng (仁圣) (m), Císhèng (慈圣) (m);

róng huá (荣华)	glory; splendour	Róngzhào (荣照) (m), Huázhào (华照) (m/f); Huànróng (焕荣) (m), Huànhuá (焕华) (m/f);
shēn zhàn (深湛)	profound and thorough	Kèshēn (克深) (m), Kèzhàn (克湛) (m); Huàshēn (化深) (m), Huàzhàn (化湛) (m);
shén cǎi (神采)	expression; look	Shénshuò (神烁) (m), Cǎishuò (采烁) (f); Shénwǎng (神往) (m), Cǎiwǎng (采往) (f/m);
tiān dì (天地)	heaven and earth; world	Tiānshí (天时) (m/f), Dìshí (地时) (m/f); Tiānyǐng (天颖) (f/m), Dìyǐng (地颖) (f/m);
tōng dá (通达)	sensible; considerate	Shùntōng (顺通) (m), Shùndá (顺达) (m); Tōngyì (通意) (m), Dáyì (达意) (m);
wēi miào (微妙)	subtle; delicate	Rùwēi (入微) (m/f), Rùmiào (入妙) (f); Xiǎnwēi (显微) (m), Xiǎnmiào (显妙) (f/m);
wēn róu (温柔)	tender; gentle	Wēnwǎn (温宛) (f), Róuwǎn (柔宛) (f); Yíwēn (怡温) (f), Yíróu (怡柔) (f);

wén xué (文学)　　　　literature　　　　　Wénfù (文赋) (m),
　　　　　　　　　　　　　　　　　　　　　　Xuéfù (学赋) (m);
　　　　　　　　　　　　　　　　　　　　　　Wénguǎng (文广) (m),
　　　　　　　　　　　　　　　　　　　　　　Xuéguǎng (学广) (m);

xī wàng (希望)　　　　hope; wish　　　　　Xīpíng (希平) (m/f),
　　　　　　　　　　　　　　　　　　　　　　Wàngpíng (望平) (m);
　　　　　　　　　　　　　　　　　　　　　　Xīcōng (希聪) (m/f),
　　　　　　　　　　　　　　　　　　　　　　Wàngcōng (望聪) (m/f);

xiān jìn (先进)　　　　advanced　　　　　Xiānjué (先觉) (m),
　　　　　　　　　　　　　　　　　　　　　　Jìnjué (进觉) (m);
　　　　　　　　　　　　　　　　　　　　　　Xiāndá (先达) (m),
　　　　　　　　　　　　　　　　　　　　　　Jìndá (进达) (m);

xiān yàn (鲜艳)　　　　bright-coloured　　　Xiānlíng (鲜菱)(f),
　　　　　　　　　　　　　　　　　　　　　　Yànlíng (艳菱) (f);
　　　　　　　　　　　　　　　　　　　　　　Xiānzhū (鲜珠) (f),
　　　　　　　　　　　　　　　　　　　　　　Yànzhū (艳珠) (f);

xián jìng (娴静)　　　　gentle and refined　　Wénxián (文娴) (f),
　　　　　　　　　　　　　　　　　　　　　　Wénjìng (文静) (f);
　　　　　　　　　　　　　　　　　　　　　　Xiánmíng (娴明) (f),
　　　　　　　　　　　　　　　　　　　　　　Jìngmíng (静明) (f);

xián huì (贤惠)　　　　virtuous; genial and　　Xiánjuān (贤娟) (f),
　　　　　　　　　　　　prudent　　　　　　Huìjuān (惠娟) (f);
　　　　　　　　　　　　　　　　　　　　　　Xiánqín (贤琴) (f),
　　　　　　　　　　　　　　　　　　　　　　Huìqín (惠琴) (f);

xiāo sǎ (潇洒)　　　　natural and　　　　　Língxiāo (灵潇) (f/m),
　　　　　　　　　　　　unaffected　　　　　Língsǎ (灵洒) (f/m);
　　　　　　　　　　　　　　　　　　　　　　Xiāoyì (潇溢) (m),
　　　　　　　　　　　　　　　　　　　　　　Sǎyì (洒溢) (m);

xiào yì (效益)	profit; benefit	Xiàolì (效力) (m), Yìlì (益力) (m); Gōngxiào (公效) (m), Gōngyì (公益) (m);
xié hé (谐和)	harmonious	Xiélǜ (谐律) (m/f), Hélǜ (和律) (m/f); Xiéyīn (谐茵) (f), Héyīn (和茵) (f);
xīn yǐng (新颖)	new and original	Xiàngxīn (向新) (m), Xiàngyǐng (向颖) (f); Xīnzhī (新之) (m), Yǐngzhī (颖之) (m/f);
xīn xǐ (欣喜)	elated; joyful	Xīnyí (欣颐) (m/f), Xǐyí (喜颐) (m/f);
xìn rèn (信任)	trust; have confidence	Jìxìn (济信) (m), Jìrèn (济任) (m); Xìnhuì (信惠) (f), Rènhuì (任惠) (f);
xīng wàng (兴旺)	prosper; flourish	Jiāxīng (家兴) (m), Jiāwàng (家旺) (m); Chéngxīng (承兴) (m), Chéngwàng (承旺) (m);
xiù měi (秀美)	graceful; elegant	Xiùyīng (秀英) (f), Měiyīng (美英) (f); Língxiù (灵秀) (f), Língměi (灵美) (f);

xù rì (旭日)	the rising sun	Xùshēng (旭升) (m), Rìshēng (日升) (m); Xùhuī (旭辉) (m/f), Rìhuī (日辉) (m/f);
yǎ zhì (雅致)	refined; tasteful	Yǎměi (雅美) (f), Zhìměi (致美) (f); Yǎmǐn (雅敏) (f), Zhìmǐn (致敏) (f/m);
yán shí (岩石)	rock	Jūnyán (钧岩) (m), Jūnshí (钧石) (m); Yùyán (玉岩) (m/f), Yùshí (玉石) (m/f);
yè jī (业绩)	achievement	Yèjiàn (业建) (m), Jījiàn (绩建) (m); Xiàoyè (效业) (m), Xiàojī (效绩) (m);
yīn yùn (音韵)	sounds and rhyme	Yuèyīn (月音) (f), Yuèyùn (月韵) (f); Huányīn (环音) (f/m), Huányùn (环韵) (f/m);
yīn shí (殷实)	well-off; substantial	Hóngyīn (弘殷) (m), Hóngshí (弘实) (m); Dáyīn (达殷) (m), Dáshí (达实) (m);
yú yuè (愉悦)	delighted; cheerful	Xiǎoyù (晓愉) (m/f), Xiǎoyuè (晓悦) (m/f);

yǔ zhòu (宇宙)	universe	Yǔfāng (宇芳) (f), Zhòufāng (宙芳) (f); Yǔdí (宇迪) (f/m), Zhòudí (宙迪) (m/f);
zhé lǐ (哲理)	philosophy	Sīzhé (思哲) (m/f), Sīlǐ (思理) (m/f); Míngzhé (明哲) (m/f), Mínglǐ (明理) (m/f);
zhī shi (知识)	knowledge	Wùzhī (务知) (m), Wùshí (务识) (m); Zhīyǔ (知雨) (m/f), Shíyǔ (识雨) (m/f).

2.　Three-Character Phrases:

Phrase	Meaning	Suggested names (m = male;　f = female)
ài qín hǎi (爱琴海)	Aegean Sea	Àidí (爱迪) (m/f), Qíndí (琴迪) (f), Hǎidí (海迪) (f/m);
píng ān rì (平安日)	a good day	Píngzhí (平执) (m), Ānzhí (安执) (m), Rìzhí (日执) (m);
bā léi wǔ (芭蕾舞)	ballet	Bādān (芭丹) (f), Léidān (蕾丹) (f), Wǔdān (舞丹) (f);
bái lán huā (白兰花)	a sweet-smelling flower	Báiqīng (白青) (f/m), Lánqīng (兰青) (f/m), Huāqīng (花青) (f/m);

bǎi shì tōng （百事通）	a knowledgeable person	Bǎijǐn（百锦）(m/f), Shìjǐn（事锦）(m), Tōngjǐn（通锦）(m);
bǎi huā yàn （百花艳）	flowers in a variety of colours	Bǎirú（百如）(f/m), Huārú（花如）(f), Yànrú（艳如）(f);
bào chūn yàn （报春燕）	a swallow that brings the message of spring	Bàoxiǎo（报晓）(m/f), Chūnxiǎo（春晓）(m/f), Yànxiǎo（燕晓）(f);
běi dǒu xīng （北斗星）	the Big Dipper	Běihuī（北晖）(m/f), Dǒuhuī（斗晖）(m), Xīnghuī（星晖）(m);
bì rú yīn （碧如茵）	carpet-like green grass	Bìyǎ（碧雅）(f), Rúyǎ（如雅）(f), Yīnyǎ（茵雅）(f);
bīng jīng shí （冰晶石）	cryolite	Rúbīng（如冰）(m/f), Rújīng（如晶）(f/m), Rúshí（如石）(m);
bō lán zhuàng （波澜壮）	surging waves	Wěibō（伟波）(m/f), Wěilán（伟澜）(m/f), Wěizhuàng（伟壮）(m);
bó yǎ jūn （博雅君）	a learned gentleman	Bózhèng（博正）(m), Yǎzhèng（雅正）(m), Jūnzhèng（君正）(m);
cǎi hóng fēi （彩虹飞）	a drifting rainbow	Cǎimíng（彩明）(f), Hóngmíng（虹明）(f/m), Fēimíng（飞明）(m);

cān tiān shù (参天树)	a towering tree	Cānlì (参立) (m), Tiānlì (天立) (m), Shùlì (树立) (m);
cāng jìn sōng (苍劲松)	an old and hardy pine tree	Cāngshēng (苍生) (m), Jìnshēng (劲生) (m), Sōngshēng (松生) (m);
cháng lǜ lín (常绿林)	an evergreen tree	Chánggǔ (常谷) (m/f), Lǜgǔ (绿谷) (m/f), Língǔ (林谷) (m/f);
chāo zì rán (超自然)	supernatural	Chāoyuán (超元) (m), Zìyuán (自元) (m), Ränyuán (然元) (m);
chéng jiù gǎn (成就感)	a sense of achievement	Chéngdé (成德) (m), Jiùdé (就德) (m), Gǎndé (感德) (m);
chéng míng zuò (成名作)	the work that first brings fame to the author	Guǎngchéng (广成) (m/f), Guǎngmíng (广名) (m/f), Guǎngzuò (广作) (m/f);
chéng rén yì (成仁义)	die for a just cause	Chéngchāo (成超) (m), Rénchāo (仁超) (m), Yìchāo (义超) (m);
chì chéng xīn (赤诚心)	absolute sincerity	Chìhéng (赤恒) (m), Chénghéng (诚恒) (m), Xīnhéng (心恒) (m);
chū kāi rì (初开日)	the first day of business	Chūyuǎn (初远) (m), Kāiyuǎn (开远) (m), Rìyuǎn (日远) (m);

chuán sì hǎi （传四海）	known throughout the world	Chuányì（传艺）(m/f), Sìyì（四艺）(m/f), Hǎiyì（海艺）(f/m);
chuàng qí jì （创奇迹）	creation of miracles	Chuàngxīn（创新）(m), Qíxīn（奇新）(m), Jìxīn（迹新）(m);
dìng qián kūn （定乾坤）	conquer the world	Dìngqīng（定青）(m), Qiánqīng（乾青）(m), Kūnqīng（坤青）(m);
dōng běi fēng （东北风）	Northeasterly wind	Dōngqín（东勤）(m/f), Běiqín（北勤）(m/f), Féngqín（风勤）(m/f);
jìn tiān yá （尽天涯）	go to the end of the world	Hǎijìn（海尽）(m), Hǎitiān（海天）(m/f), Hǎiyá（海涯）(m);
jí shí yǔ （及时雨）	timely rain	Jíjìng（及境）(m/f), Shíjìng（时境）(f/m), Yǔjìng（雨境）(m/f);
zhòng rén zhì （众人智）	wisdom of the masses	Zhòngdá（众达）(m), Réndá（人达）(m), Zhìdá（智达）(m);
fā yuán dì （发源地）	place of origin	Fāchāng（发昌）(m), Yuánchāng（源昌）(m), Dìchāng（地昌）(m);
fāng cǎo xīn （芳草心）	a heart of gold	Fāngyīn（芳茵）(f), Cǎoyīn（草茵）(f), Xīnyīn（心茵）(f);

169

fēng shuò guǒ （丰硕果）	plentiful & substantial	Lìfēng（立丰）(m), Lìshuò（立硕）(m), Lìguǒ（立果）(m);
fēng cǎi xiù （风采秀）	graceful and elegant demeanour	Fēngchuān（丰川）(m), Cǎichuān（采川）(f/m), Xiùchuān（秀川）(f/m);
fú mǎn yíng （福满盈）	having lots of good fortune	Fúchí（福驰）(m), Mǎnchí（满驰）(m), Yíngchí（盈驰）(m/f);
jié bào chuán （捷报传）	the good news is made known	Wénjié（文捷）(m/f), Wénbào（文报）(m/f), Wénchuán（文传）(m/f);
gē shēng yáng （歌声扬）	singing is heard everywhere	Yǒnggē（咏歌）(m/f), Yǒngshēng（咏声）(m), Yǒngyáng（咏扬）(m/f);
gòng hé guó （共和国）	republic	Gòngchéng（共诚）(m), Héchéng（和诚）(m), Guóchéng（国诚）(m);
hǎi tóng huā （海桐花）	tobira	Línhǎi（林海）(m/f), Líntóng（林桐）(m), Línhuā（林花）(f);
hán yì shēn （涵意深）	has profound meaning	Jìnghán（净涵）(m/f), Jìngyì（净意）(m/f), Jìngshēn（净深）(m);
zhào hàn qīng （照汗青）	shine in the pages of history	Rìzhào（日照）(m), Rìhàn（日汗）(m), Rìqīng（日青）(m);

hè xīn nián (贺新年)	extend New Year greetings	Jiāhè (佳贺) (m/f), Jiāxīn (佳新) (f/m), Jiānián (佳年) (f/m);
hóng hú zhì (鸿鹄志)	high aspirations	Hóngtú (鸿图) (m), Hútú (鹄图) (m), Zhìtú (志图) (m);
hóng tú zhǎn (宏图展)	carry out great plans	Hóngxiáng (宏祥) (m), Túxiáng (图祥) (m), Zhǎnxiáng (展祥) (m);
huí xuán qǔ (回旋曲)	rondo	Huítíng (回庭) (m/f), Xuántíng (旋庭) (m/f), Qǔtíng (曲庭) (m/f);
shān chuān xiù (山川秀)	beautiful landscape	Wénshān (文山) (m), Wénchuān (文川) (m/f), Wénxiù (文秀) (m/f);
wàn shì xīng (万事兴)	everything goes well	Wànyì (万益) (m), Shìyì (事益) (m), Xīngyì (兴益) (m);
jiā dào chuán (家道传)	carry on the family fortune	Jiāmíng (家铭) (m), Dàomíng (道铭) (m), Chuánmíng (传铭) (m);
jiān rú bīng (坚如冰)	as hard as ice	Jiānyīng (坚英) (m), Rúyīng (如英) (m/f), Bīngyīng (冰英) (f);
jiāng hé cháng (江河长)	rivers flowing along	Jiāngzhāo (江昭) (m/f), Hézhāo (河昭) (m/f), Chángzhāo (长昭) (m/f);

jiē huān xǐ (皆欢喜)	everyone is happy	Jiēpèi (皆沛) (m/f), Huānpèi (欢沛) (m/f), Xǐpèi (喜沛) (m/f);
jìn yí bù (进一步)	take one step forward	Jìntōng (进通) (m), Yítōng (一通) (m), Bùtōng (步通) (m);
jīng huá cún (精华存)	keep the essence	Jīngzhì (精智) (m), Huázhì (华智) (m/f), Cúnzhì (存智) (m/f);
jìng jiè gāo (境界高)	have lofty ideals	Jìngyún (境云) (m/f), Jièyún (界云) (m/f), Gāoyún (高云) (m);
jīn zì tǎ (金字塔)	pyramid	Fēijīn (飞金) (m), Fēizì (飞字) (m), Fēitǎ (飞塔) (m);
jìn qǔ xīn (进取心)	enterprising spirit	Jìnyè (进烨) (m), Qǔyè (取烨) (m), Xīnyè (心烨) (f);
jìn xíng qǔ (进行曲)	march	Jìnjié (进捷) (m), Xíngjié (行捷) (m), Qǔjié (曲捷) (m/f);
jǐng tài lán (景泰蓝)	cloisonné	Jǐng'ān (景安) (m), Tài'ān (泰安) (m), Lán'ān (蓝安) (m/f);
kāi mén hóng (开门红)	achieve instant success	Kāiháo (开豪) (m), Ménháo (门豪) (m), Hóngháo (红豪) (m);

kǎi xuán guī (凯旋归)	triumphant return	Kǎilè (凯乐) (m/f), Xuánlè (旋乐) (m/f), Guīlè (归乐) (m/f);
lán bǎo shí (蓝宝石)	sapphire	Lánchún (蓝淳) (m/f), Bǎochún (宝淳) (m/f), Shíchún (石淳) (m);
líng yún zhì (凌云志)	lofty ambition	Língfēng (凌峰) (m), Zhìfēng (志峰) (m), Yúnfēng (云峰) (m);
mǎn jiāng hóng (满江红)	the name of a tune to which *ci* poems are written	Mǎnqiū (满秋) (m), Jiāngqiū (江秋) (m/f), Hóngqiū (红秋) (m/f);
nán tiān zhú (南天竹)	nandina	Zhìnán (挚南) (m/f), Zhìtiān (挚天) (m), Zhìzhú (挚竹) (m);
pān gāo shān (攀高山)	climb up the mountain	Yàopān (耀攀) (m), Yàogāo (耀高) (m), Yàoshān (耀山) (m);
pǐn dé jiā (品德佳)	have good moral qualities	Pínyǒu (品友) (m), Déyǒu (德友) (m), Jiāyǒu (佳友) (m/f);
qǐ míng xīng (启明星)	literary name for Venus	Qǐchén (启晨) (m), Míngchén (明晨) (m/f), Xīngchén (星晨) (m/f);
qīng chūn sòng (青春颂)	ode to youth	Qīngwǎn (青婉) (f), Chūnwǎn (春婉) (f), Sòngwǎn (颂婉) (f);

qiū hǎi táng （秋海棠）	begonia	Qiūróng（秋容）(m/f), Hǎiróng（海容）(m/f), Tángróng（棠容）(m/f) ;
qún yīng huì （群英汇）	a get-together of heroes	Qúnfāng（群方）(m/f), Yīngfāng（英方）(m/f), Huìfāng（汇方）(m/f);
rén yì jìn （仁义尽）	do everything called for by humanity and duty	Rénhé（仁和）(m), Yìhé（义和）(m), Jìnhé（尽和）(m);
làng táo shā （浪淘沙）	name of a tune to which *ci* poems are written	Jīnlàng（金浪）(m), Jīntáo（金淘）(m), Jīnshā（金沙）(m);
shēng zhǎng lì （生长力）	the force of growth	Shēngchéng（生承）(m), Zhǎngchéng（长承）(m), Lìchéng（力承）(m);
shū qíng shī （抒情诗）	lyric poetry	Shūhuì（抒慧）(f), Qínghuì（情慧）(f), Shīhuì（诗慧）(f);
wàn shì tōng （万事通）	know-all	Wànyán（万延）(m), Shìyán（事延）(m), Tōngyán（通延）(m);
wén fēng shèng （文风盛）	a style of writing in fashion	Wénshì（文世）(m), Fēngshì（风世）(m), Shèngshì（盛世）(m);
xiǎn shén líng （显神灵）	the divinities make their presence felt	Xiǎnmǐn（显敏）(m/f), Shénmǐn（神敏）(m/f), Língmǐn（灵敏）(m/f);

xiàn dài huà (现代化)	modernization	Jǐngxiàn (景现) (m/f), Jǐngdài (景代) (m/f), Jǐnghuà (景化) (m/f);
zhù yuàn gē (祝愿歌)	song of blessings	Zhùxìng (祝兴) (m), Yuànxìng (愿兴) (m), Gēxìng (歌兴) (m);
xíng wàn lǐ (行万里)	go ten thousand miles	Zhōuxíng (周行) (m), Zhōuwàn (周万) (m), Zhōulǐ (周里) (m) ;
ān rú shān (安如山)	as solid as a mountain	Hóng'ān (鸿安) (m), Hóngrú (鸿如) (m/f) , Hóngshān (鸿山) (m);
chūn yì nóng (春意浓)	spring is in the air	Zhīchūn (知春) (m/f), Zhīyì (知意) (m/f), Zhīnóng (知浓) (m/f);
jīn shí kāi (金石开)	even stone and metal are affected	Tiānjīn (天金) (m/f), Tiānshí (天石) (m), Tiānkāi (天开) (m/f);
xuě zhōng méi (雪中梅)	plum blossoms in the snow	Yīngxuě (英雪) (f/m), Yīngzhōng (英中) (m/f), Yīngméi (英梅) (f);
yuè guāng míng (月光明)	bright moonlight	Yuèyīn (月音) (f), Guāngyīn (光音) (f/m), Míngyīn (明音) (f/m);
yǒng xiàng qián (永向前)	ever marching forward	Yǒngmíng (永明) (m), Xiàngmíng (向明) (m), Qiánmíng (前明) (m);

hé jiā huān (合家欢)	a family photo; a happy family reunion	Héqìng (合庆) (m/f), Jiāqìng (家庆) (m/f), Huānqìng (欢庆) (m/f);
tiān zhī jiāo (天之娇)	God's favoured one	Tiānpíng (天平) (m/f), Zhīpíng (之平) (m/f), Jiāopíng (娇平) (f).

3. Four-Character Phrases:

Phrase	Meaning	Suggested names (m = male; f = female)
yí yè zhī qiū (一叶知秋)	the falling of one leaf heralds the autumn	Yíyè (一叶) (f), Zhīqiū (知秋) (f/m); Yízhī (一知) (m), Qiūyè (秋叶) (f);
yì yín yì yǒng (一吟一咏)	write and recite poetry	Yìyín (一吟) (f/m), Yìyǒng (一咏) (m/f);
yí bì wàn qǐng (一碧万顷)	an expanse of green grassland; the vast ocean	Bìyī (碧一) (f), Wànqǐng (万顷) (m);
rén wén huì cuì (人文荟萃)	an assembly of distinguished people or exquisite objects	Rénwén (人文) (m), Huìcuì (荟萃) (f); Rénpǐn (人品) (m), Wénpǐn (文品) (m), Huìpǐn (荟品) (f), Cuìpǐn (萃品) (f);
rù qíng rù lǐ (入情入理)	reasonable; sensible	Rùqíng (入情) (m/f), Rùlǐ (入理) (m);
jiǔ xiāo yún wài (九霄云外)	beyond the highest heavens; far, far away	Jiǔxiāo (九霄) (m), Yúnwài (云外) (m);

dà xiǎn shén tōng
(大显神通)

display one's prowess

Dàtōng (大通) (m),
Xiǎnshén (显神) (m);
Dàhuá (大华) (m),
Xiǎnhuá (显华) (m),
Shénhuá (神华) (m),
Tōnghuá (通华)(m);

dà chè dà wù
(大彻大悟)

thoroughly realizing
the truth

Dàchè (大彻) (m),
Dàwù (大悟) (m);

cái qīng zhì gāo
(才清志高)

have refined talents
and high aspirations

Cáiqīng (才清) (m/f),
Zhìgāo (志高) (m);
Cáigāo (才高) (m),
Zhìqīng (志清) (m/f);

shān gāo shuǐ cháng
(山高水长)

as high as the
mountains and
as long as
the rivers

Shāngāo (山高) (m),
Shuǐcháng (水长) (m);

shān míng shuǐ xiù
(山明水秀)

beautiful landscape

Shānmíng (山明) (m/f),
Shuǐxiù (水秀) (f);
Shānshuǐ (山水) (m),
Míngxiù (明秀) (f/m);

shān nán hǎi běi
(山南海北)

far and wide

Shānnán (山南) (m),
Hǎiběi (海北) (m);
Nánshān (南山) (m),
Běihǎi (北海) (m/f);

yì zhèng cí yán
(义正辞严)

speak sternly with
the force of justice

Yìzhèng (义正) (m),
Cíyán (辞严) (m);
Yánzhèng (严正) (m),
Yìcí (义辞) (m/f);

guǎng jiàn qià wén (广见洽闻)	learned; knowledgeable	Guǎngjiàn (广见) (m), Qiàwén (洽闻) (m); Guǎngwén (广闻) (m);
fēi gé liú dān (飞阁流丹)	pavilion at the top of the hill	Fēigé (飞阁) (m), Liúdān (流丹) (f/m); Géfēi (阁飞) (m/f), Dānliú (丹流) (m/f);
bǐ yì qí fēi (比翼齐飞)	fly side by side	Bǐyì (比翼) (m/f), Qífēi (齐飞) (f/m);
yún xíng yǔ shī (云行雨施)	nature bestows bounties on the world	Yúnxíng (云行) (m/f), Yǔshī (雨施) (m/f); Xíngyún (行云) (f/m), Shīyǔ (施雨) (f/m);
yún qǐ lóng xiāng (云起龙骧)	the dragon raises its head as clouds are gathering	Yúnqǐ (云起) (m/f), Lóngxiāng (龙骧) (m); Yúnlóng (云龙) (m), Xiāngqǐ (骧起) (m/f);
tiān jīng dì yì (天经地义)	right and proper	Tiānjīng (天经) (m), Dìyì (地义) (m); Tiānyì (天义) (m), Dìjīng (地经) (m);
kāi guó chéng jiā (开国承家)	found a state and inherit family property	Kāiguó (开国) (m), Chéngjiā (承家) (m); Guókāi (国开) (m), Jiāchéng (家承) (m);
kāi wù chéng wù (开物成务)	find out the essence of things and do things properly	Kāiwù (开物) (m), Chéngwù (成务) (m); Wùkāi (物开) (m), Wùchéng (务成) (m);

fēng gōng wěi jī (丰功伟绩)	great achievements and contributions	Fēngdá (丰达) (m), Gōngdá (功达) (m), Wěidá (伟达) (m), Jīdá (绩达) (f/m);
rì dōng yuè xī (日东月西)	being far apart	Rìdōng (日东) (m), Yuèxī (月西) (f); Dōngrì (东日) (m), Xīyuè (西月) (f);
rì fù yuè chāng (日富月昌)	getting more and more prosperous	Rìfū (日富) (m), Rìyuè (日月) (f/m), Rìchāng (日昌) (m);
rén zhì yì jìn (仁至义尽)	do everything called for by humanity and duty	Rénzhì (仁至) (m), Yìjìn (义尽) (m); Zhìrén (至仁) (m), Jìnyì (尽义) (m);
qì shèng yīn yí (气盛音宜)	energetic with a sound voice	Qìshèng (气盛) (m), Yīnyí (音宜) (m/f);
jīn yǔ xīn zhī (今雨新知)	new friend	Wénjīn (闻今) (m/f), Wényǔ (闻雨) (f/m), Wénxīn (闻新) (m/f), Wénzhī (闻知) (m/f);
yuè bái fēng qīng (月白风清)	a beautiful night	Yuèbái (月白) (f), Fēngqīng (风清) (m/f); Qīngfēng (清风) (f/m), Báiyuè (白月) (f);
fēng yún yuè lù (风云月露)	spells of good and bad fortunes	Fēngyún (风云) (f), Yuèlù (月露) (f); Yuèyún (月云) (f), Fēnglù (风露) (f);

fēng huá zhèng mào (风华正茂)	in one's prime	Fēnghuá (风华) (m), Zhèngmào (正茂) (m); Fēngmào (风茂) (m), Zhènghuá (正华) (m);
fēng huā xuě yuè (风花雪月)	literature that describes natural beauty and sentimental feelings	Fēnghuā (风花) (f), Xuěyuè (雪月) (f);
wén tāo wǔ lüè (文韬武略)	civil and military skills	Wéntāo (文韬) (m), Wǔlüè (武略) (m); Wénwǔ (文武) (m), Tāolüè (韬略) (m);
wén jiāng xué hǎi (文江学海)	the vast riches of literature	Wénjiāng (文江) (m), Xuéhǎi (学海) (m); Wénxué (文学) (m), Jiānghǎi (江海) (m);
xīn dàng shén chí (心荡神驰)	be carried away	Xīndàng (心荡) (m/f), Shénchí (神驰) (m);
xīn kuàng shén yí (心旷神怡)	carefree and happy	Xīnyí (心怡) (f), Kuàngyí (旷怡) (m/f), Shényí (神怡) (f/m);
shuǐ mù qīng huá (水木清华)	beautiful landscape in a garden	Shuǐqīng (水清) (f/m), Mùhuá (木华) (f/m); Yīshuǐ (依水) (m), Yīmù (依木) (m), Yīqīng (依清), Yīhuá (依华) (f/m);

gōng chéng shì suì   be successful   Gōngchéng (功成) (m),
(功成事遂)   in what one does   Shìsuì (事遂) (m);
Zhènggōng (郑功) (m),
Zhèngchéng (郑成) (m),
Zhèngshì (郑事) (m),
Zhèngsuì (郑遂) (m);

píng xīn chí zhèng   calm and just;   Píngxīn (平心) (m),
(平心持正)   unbiased   Chízhèng (持正) (m);
Xīnpíng (心平) (m/f);

píng yì xùn shùn   unassuming   Liángpíng (良平) (m),
(平易逊顺)   and modest   Liángyì (良易) (m),
Liángxùn (良逊) (m),
Liángshùn (良顺) (m);

zhèng běn qīng yuán   radical reform;   Běnzhèng (本正) (m),
(正本清源)   thorough overhaul   Yuánqīng (源清) (m/f);
Běnqīng (本清) (m),
Zhèngyuán (正源) (m);

yù kūn jīn yǒu   a polite way   Yùkūn (玉昆) (m),
(玉昆金友)   of talking about   Jīnyǒu (金友) (m);
   a friend's brothers   Yùyǒu (玉友) (f),
Kūnyǒu (昆友) (m);

yù jié sōng zhēn   pure and virtuous   Péiyù (培玉) (f),
(玉洁松贞)   Péijié (培洁) (f),
Péisōng (培松) (m),
Péizhēn (培贞) (f);

zuǒ tú yòu shǐ   have a large   Zuǒtú (左图) (m),
(左图右史)   collection of books   Yòushǐ (右史) (m);

lóng yuè fèng míng
(龙跃凤鸣)

men of talent rise
with the times

Lóngyuè (龙跃) (m),
Fèngmíng (凤鸣) (f);
Yuèlóng (跃龙) (m),
Míngfèng (鸣凤) (f);

lóng zhāng fèng zī
(龙章凤姿)

have extraordinary
demeanour

Lóngzhāng (龙章) (m),
Fèngzī (凤姿) (f);

lìng yuè jí rì
(令月吉日)

auspicious month
and lucky day

Lìngyuè (令月) (f),
Lìngjí (令吉) (m),
Lìngrì (令日) (m);

lì xuě qiú dào
(立雪求道)

willing to endure
hardship in order
to learn the truth

Lìxuě (立雪) (f/m),
Qiúdào (求道) (m);
Dàoqiú (道求) (m),
Xuělì (雪立) (f/m);

lán guì qí fāng
(兰桂齐芳)

both thoroughwort
and osmanthus give
off scent — an old
phrase meaning
"children and
grandchildren in
one prosperous
family"

Lánguì (兰桂) (f),
Qífāng (齐芳) (f);
Lánfāng (兰芳) (f),
Guìfāng (桂芳) (f);

zhī lán yù shù
(芝兰玉树)

outstanding disciples

Zhīlín (芝林) (f),
Lánlín (兰林) (f),
Yùlín (玉林) (f),
Shùlín (树林) (m);

jí xiáng rú yì
(吉祥如意)

have good luck
and everything turns
out as one wishes

Xiángjí (祥吉) (m),
Xiángrú (祥如) (f/m),
Xiángyì (祥意) (f/m);

chéng rén qǔ yì (成仁取义)	die for a righteous cause	Chéngrén (成仁) (m), Qǔyì (取义) (m); Rénchéng (仁成) (m), Yìqǔ (义取) (m);
zhì shèng zhì míng (至圣至明)	extremely wise (formerly used in adulation of the emperor)	Zhìshèng (至圣) (m), Zhìmíng (至明) (m); Shèngzhì (圣至) (m), Míngzhì (明至) (m);
guāng zōng yào zǔ (光宗耀祖)	bring honour to one's ancestors	Shàngguāng (尚光) (m), Shàngzōng (尚宗) (m), Shàngyào (尚耀) (m), Shàngzǔ (尚祖) (m);
tóng xīn tóng dé (同心同德)	dedicated to the same cause	Tóngxīn (同心) (m), Tóngdé (同德) (m); Détóng (德同) (m), Xīntóng (心同) (m);
tóng zhōu gòng jì (同舟共济)	pull together in times of trouble	Tóngzhōu (同舟) (m/f), Gòngjì (共济) (m);
rèn zhòng dào yuàn (任重道远)	shoulder heavy responsibilities	Rènzhòng (任重) (m), Dàoyuǎn (道远) (m);
zì lì gēng shēng (自力更生)	regeneration through self-reliance	Zìlì (自力) (m), Zìshēng (自生) (m);
míng biāo qīng shǐ (名标青史)	be crowned with eternal glory	Míngbiāo (名标) (m), Qīngshǐ (青史) (m);

xù rì dōng shēng (旭日东升)	the sun rises in the eastern sky	Xùrì (旭日) (m), Dōngshēng (东升) (m); Shēngxù (升旭) (m), Rìdōng (日东) (m);
bīng qīng yù jié (冰清玉洁)	pure as jade and chaste as ice	Bīngqīng (冰清) (f), Yùjié (玉洁) (f); Bīngjié (冰洁) (f), Yùqīng (玉清) (f);
zhuàng zhì líng yún (壮志凌云)	with high aspirations	Zhìzhuàng (志壮) (m), Zhìlíng (志凌) (m), Zhìyún (志云) (m/f);
ān zhī ruò sù (安之若素)	bear (hardship, etc.) calmly	Ānzhī (安之) (m), Ruòsù (若素) (f);
jìn shàn jìn měi (尽善尽美)	the acme of perfection	Jìnshàn (尽善) (m), Jìnměi (尽美) (f);
yáng chūn bái xuě (阳春白雪)	highbrow art and literature	Yángchūn (阳春) (m/f), Báixuě (白雪) (f); Xuěbái (雪白) (f), Chūnyáng (春阳) (f/m);
rú rì zhōng tiān (如日中天)	like the sun at high noon — the peak of one's career	Rúhuī (如晖) (m/f), Rìhuī (日晖) (m), Zhōnghuī (中晖) (m), Tiānhuī (天晖) (m);
rú huā sì yù (如花似玉)	young and beautiful like flowers and jade	Rúhuā (如花) (f), Sìyù (似玉) (f); Sìhuā (似花) (f), Rúyù (如玉) (f);

shòu shān fú hǎi (寿山福海)	enjoy longevity and great happiness	Shòushān (寿山) (m), Fúhǎi (福海) (m); Fúshòu (福寿) (m), Shānhǎi (山海) (m);
yùn wàng shí shèng (运旺时盛)	have very good luck	Yùnwàng (运旺) (m), Shíshèng (时盛) (m); Shèngyùn (盛运) (m), Wàngshí (旺时) (m);
jí tiān jì dì (极天际地)	vast; very great	Jítiān (极天) (m), Jìdì (际地) (m); Tiānjí (天极) (m), Dìjì (地际) (m);
zhì shì rén dé (志士仁德)	people with high ideals	Zhìdé (志德) (m), Shìdé (士德) (m), Réndé (仁德) (m);
zhì tóng dào hé (志同道合)	have a common goal	Zhìtóng (志同) (m), Dàohé (道合) (m); Zhìdào (志道) (m), Tónghé (同合) (m);
huā hǎo yuè yuán (花好月园)	blooming flowers and full moon — perfect conjugal bliss (a phrase used as a wedding congratulatory message)	Huāhǎo (花好) (f), Yuèyuán (月园) (f);
sū hǎi hán cháo (苏海韩潮)	a bold and vigorous writing style	Sūhǎi (苏海) (f/m), Háncháo (韩潮) (m); Sūhán (苏韩) (m), Hǎicháo (海潮) (m/f);

lì jīng tú zhì
(励精图治)

(a ruler) exerts
himself to make the
country
prosperous

Lìjīng (励精) (m),
Túzhì (图治) (m);

jiān rú pán shí
(坚如磐石)

solid as a rock

Rújiān (如坚) (m),
Rúpán (如磐) (m),
Rúshí (如石) (m);

shí yǔ chūn fēng
(时雨春风)

timely rain and
spring breeze —
a congenial situation

Shíyǔ (时雨) (f/m),
Chūnfēng (春风) (f/m);
Shíchūn (时春) (m),
Shífēng (时风) (m);

shí hé suì fēng
(时和岁丰)

times of peace
and prosperity

Shíhé (时和) (m),
Shísuì (时岁) (m),
Shífēng (时丰) (m);

kuàng xìng yí qíng
(旷性怡情)

broad-minded
and in a cheerful
frame of mind

Kuàngyí (旷怡)(f/m),
Qíngyí (情怡) (f),
Xìngyí (性怡) (f/m);

huái jǐn wò yù
(怀瑾握瑜)

a man of high
morals and
great talents

Huáijǐn (怀瑾) (m/f),
Wòyù (握瑜) (m/f);

xián qíng yì zhì
(闲情逸致)

a leisurely and
carefree mood

Xiánqíng (闲情) (f),
Yìzhì (逸致) (f/m);
Xiányì (闲逸) (f/m),
Qíngzhì (情致) (f/m);

liáng shī yì yǒu
(良师益友)

good teacher and
helpful friend

Liángyì (良益) (m),
Shīyì (师益) (m),
Yǒuyì (友益) (m/f) ;

liáng péng hǎo yǒu
(良朋好友)

good friends

Liángpéng (良朋) (m),
Hǎoyǒu (好友) (m);

zòng héng chí chěng
(纵横驰骋)

sweep through the
length and breadth of

Zònghéng (纵横) (m),
Chíchěng (驰骋) (m);

qīng shǐ chuán míng
(青史传名)

have a place
in history

Qīngchuán (青传) (m),
Shǐchuán (史传) (m),
Míngchuán (名传) (m);

tǎn rán zì ruò
(坦然自若)

calm and confident

Tǎnrán (坦然) (m),
Zìruò (自若) (m);

zhěn shān qī gǔ
(枕山栖谷)

withdraw from
society and live
in seclusion
in the mountains

Zhěnshān (枕山) (m),
Qīgǔ (栖谷) (m);
Shānzhěn (山枕) (m),
Gǔqī (谷栖) (m);

qǔ jīng yòng hóng
(取精用弘)

is provided with
inexhaustible riches

Qǔjīng (取精) (m),
Yònghóng (用弘) (m);
Jīngqǔ (精取) (m),
Hóngyòng (弘用) (m);

qí wén guì jù
(奇文瑰句)

a remarkable piece
of writing

Qíwén (奇文) (f/m),
Guìjù (瑰句) (f/m);
Wénjù (文句) (m),
Qíguì (奇瑰) (f);

fèn fā tú qiáng
(奋发图强)

work hard
to achieve
one's ambition

Fènfā (奋发) (m),
Túqiáng (图强) (m);
Qífèn (齐奋) (m),
Qífā (齐发) (m),
Qítú (齐图) (m),
Qíqiáng (齐强) (m);

bá dì yǐ tiān (拔地倚天)	incomparably superior	Tiānbá(天拔)(m), Tiāndì(天地)(m), Tiānyǐ(天倚)(m/f);
zhāo xián nà shì (招贤纳士)	(a ruler) summon men of worth and talent to serve the country	Zhāoxué(招学)(m), Xiánxué(贤学)(m), Nàxué(纳学)(m), Shìxué(士学)(m);
pī jiān zhí ruì (披坚执锐)	wearing an armour and holding a weapon — ready to go into fighting	Pījiān(披坚)(m), Zhíruì(执锐)(m);
zhuó yuè jùn yì (卓越俊逸)	brilliant; outstanding	Zhuóyuè(卓越)(m), Zhuójùn(卓俊)(m/f), Zhuóyì(卓逸)(m/f); Jùnyì(俊逸)(m);
míng dé wéi xīn (明德惟馨)	leave the good reputation of high morality to posterity	Míngdé(明德)(m), Míngwéi(明惟)(m/f), Míngxīn(明馨)(m/f);
guó sè tiān xiāng (国色天香)	ethereal colour and celestial fragrance — matchless beauty	Guósè(国色)(f), Tiānxiāng(天香)(f); Guótiān(国天)(m), Sèxiāng(色香)(f);
zhī shū dá lǐ (知书达礼)	well-educated and considerate	Zhīshū(知书)(m/f), Dálǐ(达礼)(m); Lǐdá(礼达)(m), Shūzhī(书知)(m);
xīn xīn xiàng róng (欣欣向荣)	thriving; flourishing	Xīnxīn(欣欣)(m/f), Xiàngróng(向荣)(m);

xué xíng xiū míng (学行修明)	enlightened both academically and morally	Xuéxíng (学行) (f/m), Xiūmíng (修明) (m/f); Xuéxiū (学修) (m/f), Xíngmíng (行明) (m/f);
shī qíng huà yì (诗情画意)	having poetic charm	Shīqíng (诗情) (f), Huàyì (画意) (f); Shīhuà (诗画) (f/m), Yìqíng (意情) (f);
jīng tiān wěi dì (经天纬地)	have heaven and earth under one's control — have great ability	Jīngtiān (经天) (m), Wěidì (纬地) (m); Jīngwěi (经纬) (m), Tiāndì (天地) (m);
chūn lán qiū jú (春兰秋菊)	orchids in spring and chrysanthemums in autumn — each has a charm of its own	Chūnlán (春兰) (f), Qiūjú (秋菊) (f); Chūnqiū (春秋) (f/m), Lánjú (兰菊) (f);
chūn huá qiū shí (春华秋实)	literary talent and moral integrity	Chūnhuá (春华) (m/f), Qiūshí (秋实) (m);
chūn shù mù yún (春树暮云)	trees in spring and clouds at dusk — used to express one's longing for old friends	Chūnshù (春树) (m), Mùyún (暮云) (f); Chūnmù (春暮) (m/f), Shùyún (树云) (f/m);
chūn sòng xià xián (春诵夏弦)	singing and reciting poetry — activities at school	Chūnsòng (春诵) (m), Xiàxián (夏弦) (m/f); Chūnxià (春夏) (m/f), Xiánsòng (弦诵) (m/f);

xiāng yìng chéng qù （相映成趣）	contrast pleasantly with each other	Xiāngyìng（相映）(f/m), Chéngqù（成趣）(m/f);
xiāng fǔ xiāng chéng （相辅相成）	supplement and complement each other	Xiāngfǔ（相辅）(m), Xiāngchéng（相成）(m);
xiāng dé yì zhāng （相得益彰）	bring out the best in each other	Xiāngdé（相得）(m), Xiāngyì（相益）(m/f), Xiāngzhāng（相彰）(m);
shù dé wù zī （树德务滋）	cultivate good moral quality	Shùdé（树德）(m), Wùzī（务滋）(m/f);
wēi wàng sù zhù （威望素著）	being known for high prestige	Yīngwēi（英威）(m), Yīngwàng（英望）(m/f), Yīngsù（英素）(f/m), Yīngzhù（英著）(f/m);
chí zhī yǐ héng （持之以恒）	persevere	Chízhī（持之）(m), Yǐhéng（以恒）(m);
zhǐ tiān shì rì （指天誓日）	swear in the name of heaven	Tiānzhǐ（天指）(m), Rìshì（日誓）(m);
huī sǎ zì rú （挥洒自如）	do things with facility	Huīsǎ（挥洒）(m), Zìrú（自如）(f/m);
qīng gē màn wǔ （轻歌曼舞）	soft music and graceful dances	Qīnggē（轻歌）(f/m), Mànwǔ（曼舞）(f); Wǔmàn（舞曼）(f), Gēqīng（歌轻）(f/m);
sī rú quán yǒng （思如泉涌）	ideas teeming in one's mind	Sīrú（思如）(f/m), Sīyǒng（思涌）(m), Sīquán（思泉）(m/f);

zhōng líng yù xiù (钟灵毓秀)	cultivate talents	Zhōnglíng (钟灵) (m/f), Yùxiù (毓秀) (m/f); Zhōngyù (钟毓) (m), Língxiù (灵秀) (f);
jūn tiān guǎng lè (钧天广乐)	heavenly music	Jūntiān (钧天) (m), Guǎnglè (广乐) (m/f);
dú lì zì zhǔ (独立自主)	maintain independence and keep initiative in one's own hands	Dúlì (独立) (m), Zìzhǔ (自主) (m);
yíng yíng qiū shuǐ (盈盈秋水)	clear river in autumn	Yíngyíng (盈盈) (f), Qiūshuǐ (秋水) (f/m); Yíngqiū (盈秋) (f), Yíngshuǐ (盈水) (f);
tíng tíng yù lì (亭亭玉立)	slim and graceful; tall and straight	Tíngtíng (亭亭) (f), Yùlì (玉立) (f); Yùtíng (玉亭) (f), Lìtíng (立亭) (f);
sà shuǎng yīng zī (飒爽英姿)	valiant and heroic in bearing	Sàshuǎng (飒爽) (m/f), Yīngzī (英姿) (f/m);
qián chéng wàn lǐ (前程万里)	have a promising future	Qiánchéng (前程) (m), Wànlǐ (万里) (m);
shén cǎi huàn fā (神采焕发)	glowing with health and vigour	Shéncǎi (神采) (m/f), Huànfā (焕发) (m);

chà zǐ yān hóng (姹紫嫣红)	beautiful flowers of varied colours	Chàlín (姹琳) (f), Zǐlín (紫琳) (f), Yānlín (嫣琳) (f), Hónglín (红琳) (f);
tài shàn běi dǒu (泰山北斗)	Mount Tai and the North Star — a respectful epithet for a person of distinction	Tàishān (泰山) (m), Běidǒu (北斗) (m); Tàiběi (泰北) (m), Tàidǒu (泰斗) (m);
zhēn cái shí xué (真才实学)	real ability and learning	Yìzhēn (毅真) (m), Yìcái (毅才) (m), Yìshí (毅实) (m), Yìxué (毅学) (m);
zhēn zhī zhuó jiàn (真知灼见)	real knowledge and penetrating judgment	Wénzhēn (文真) (f/m), Wénzhī (文知) (m/f), Wénzhuó (文灼) (m), Wénjiàn (文见) (m/f);
yīng gē yàn wǔ (莺歌燕舞)	orioles sing and swallows dart — a scene of prosperity	Yīnggē (莺歌) (f), Yànwǔ (燕舞) (f); Yīngyàn (莺燕) (f), Gēwǔ (歌舞) (f/m);
ēn shēn yì zhòng (恩深义重)	a great debt of gratitude	Rén'en (仁恩) (m), Rénshēn (仁深) (m), Rényì (仁义) (m), Rénzhòng (仁重) (m);
gāo fēng liàng jié (高风亮节)	noble character and sterling integrity	Gāoqǐ (高启) (m), Fēngqǐ (风启) (m/f), Liàngqǐ (亮启) (m), Jiéqǐ (节启) (m/f);

gāo qíng yuǎn zhì (高情远致)	have unconventional and highbrow interests	Yìgāo (意高) (m), Yìqíng (意情) (f/m), Yìyuǎn (意远) (m), Yìzhì (意致) (f/m);
gāo zhān yuǎn zhǔ (高瞻远瞩)	show great foresight	Gāozhān (高瞻) (m), Yuǎnzhǔ (远瞩) (m);
hāi shì shān méng (海誓山盟)	make a solemn pledge of love	Hǎishì (海誓) (m), Shānméng (山盟) (m); Shānhǎi (山海) (m), Shìméng (誓盟) (m);
liú jīn shuò shí (流金铄石)	the weather is so hot that it seems to melt stone and metal	Liújīn (流金) (m), Shuòshí (铄石) (m);
tōng cái dá shí (通才达识)	a versatile person with sound insights	Tōngcái (通才) (m), Tōngdá (通达) (m), Tōngshí (通识) (m/f);
jì wǎng kāi lái (继往开来)	carry forward the cause and forge ahead into the future	Jìwǎng (继往) (m), Kāilái (开来) (m);
shuò xué tōng rú (硕学通儒)	a man of prodigious learning	Shuòxué (硕学) (m), Tōngrú (通儒) (m);
tuī xián yáng shàn (推贤扬善)	recommend the able and virtuous person and make known his good deeds	Tuīxián (推贤) (m), Yángshàn (扬善) (m);

chén guāng xī wēi （晨光熹微）	the first faint rays of dawn	Chénguāng（晨光）(m/f), Xīwēi（熹微）(f/m);
yōu rán zì dé （悠然自得）	be carefree and content	Yōurán（悠然）(m/f), Zìrán（自然）(m/f), Zìdé（自得）(m);
xián huá pèi yù （衔华佩玉）	fine literary work in both content and presentation	Xiánhuá（衔华）(m/f), Pèiyù（佩玉）(f);
qíng wén bìng mào （情文并茂）	(of writing) excellent in both content and language	Qíngwén（情文）(f), Bìngmào（并茂）(m);
xī yù lián xiāng （惜玉怜香）	show pity and tenderness to women	Xīyù（惜玉）(f), Liánxiāng（怜香）(f);
wéi jīng wéi yī （惟精惟一）	do things meticulously with heart and soul	Wéijīng（惟精）(m), Wéiyī（惟一）(m);
huàn rán yì xīn （焕然一新）	take on an entirely new look	Huànrán（焕然）(m/f), Yìxīn（一新）(m/f);
qīng fēng míng yuè （清风明月）	cool breeze and a bright moon — used to represent a noble and refined scholar	Qīngfēng（清风）(m/f), Míngyuè（明月）(f); Míngfēng（明风）(f/m), Qīngyuè（清月）(f);
hóng hú gāo xiáng （鸿鹄高翔）	a person of lofty ideals flies high	Hónghú（鸿鹄）(m), Gāoxiáng（高翔）(m); Hónggāo（鸿高）(m), Húxiáng（鹄翔）(m);

shū zhì yīng cái (淑质英才)	a person of outstanding talents and fine quality	Shūzhì (淑质) (f), Yīngcái (英才) (m); Shūyīng (淑英) (f), Zhìcái (质才) (m);
jí xìng yù qíng (寄兴寓情)	give expression to one's feelings, especially in writing	Jìxìng (寄兴) (m), Yùqíng (寓情) (f);
wéi miào wéi xiào (维妙维肖)	remarkably true to life	Wéimiào (维妙) (f), Wéixiào (维肖) (m); Miàowéi (妙维) (f), Xiàowéi (肖维) (m);
qí huā yáo cǎo (琪花瑶草)	jade flowers of fairyland	Qíhuā (琪花) (f) , Qíyáo (琪瑶) (f), Qícǎo (琪草) (f);
qióng lín yù shù (琼林玉树)	snow-covered trees	Qiónglín (琼林) (f), Yùshù (玉树) (f/m);
qióng zhī yù yè (琼枝玉叶)	a term used to address the descendants of a royal family	Qióngzhī (琼枝) (f), Yùyè (玉叶) (f);
bó dà jīng shēn (博大精深)	have extensive knowledge and profound scholarship	Bódà (博大) (m), Bójīng (博精) (m), Bóshēn (博深) (m);
bó xué dǔ zhì (博学笃志)	study widely and with purpose	Bóxué (博学) (m), Dǔzhì (笃志) (m); Xuézhì (学志) (m), Bódǔ (博笃) (m);

wēn wén ěr yǎ (温文尔雅)	refined and cultivated	Wēnwén (温文) (m/f), Ěryǎ (尔雅) (f);
wēn gù zhī xīn (温故知新)	gain new knowledge by reviewing the old	Wēngù (温故) (m/f), Zhīxīn (知新) (m/f); Zhīgù (知故) (m), Wēnxīn (温新) (m/f);
dēng chóng jùn liáng (登崇俊良)	hold men of talent in esteem and appoint them to office	Dēngchóng (登崇) (m), Dēngjùn (登俊) (m), Dēngliáng (登良) (m);
guì yì qí xíng (瑰意琦行)	extraordinary ideas and behaviour	Guìyì (瑰意) (f/m), Guìqí (瑰琦) (f), Guìxíng (瑰行) (m/f);
jǐn xiù qián chéng (锦绣前程)	a glorious future	Jǐnxiù (锦绣) (f/m), Qiánchéng (前程) (m);
yì zhèng cí yán (义正辞严)	speak with the force of justice	Yìhán (义涵) (m/f), Zhènghán (正涵) (m/f), Cíhán (辞涵) (m/f) , Yánhán (严涵) (m/f);
péng chéng wàn lǐ (鹏程万里)	have a bright future	Péngchéng (鹏程) (m), Wànlǐ (万里) (m);
yì qì fēng fā (意气风发)	high-spirited and vigorous	Yìguǎng (意广) (m/f), Qìguǎng (气广) (m), Fēngguǎng (风广) (m/f), Fāguǎng (发广) (m);
yì zhì zòng héng (意致纵横)	have bold and carefree expression and posture	Yìzhì (意致) (f/m), Zònghéng (纵横) (m);

yì qù àng rán (意趣盎然)	full of interest and flavour	Yìqù (意趣) (m/f), Yì'àng (意盎) (m/f), Yìrán (意然) (m/f);
jǐn yán shèn xíng (谨言慎行)	cautious in speech and action	Jǐnyán (谨言) (m), Shènxíng (慎行) (m);
qún cè qún lì (群策群力)	pool the wisdom and efforts of everyone	Qúncè (群策) (m/f), Qúnlì (群力) (m); Cèqún (策群) (m/f), Lìqún (力群) (m);
bì hǎi qīng tiān (碧海青天)	clear sky and blue sea	Bìhǎi (碧海) (f), Hǎiqīng (海青) (f/m); Qīngtiān (青天) (m), Tiānbì (天碧) (f);
qí kāi dé shèng (旗开得胜)	win instant victory	Lìqí (立旗) (m), Lìkāi (立开) (m), Lìdé (立得) (m), Lìshèng (立胜) (m);
háo qíng zhuàng zhì (豪情壮志)	lofty sentiments and high aspirations	Háoqíng (豪情) (m), Zhuàngzhì (壮志) (m);
jīng yì qiú jīng (精益求精)	constantly striving to improve	Jīngyì (精益) (m/f), Qiújīng (求精) (m);
róng huì guàn tōng (融会贯通)	gain a thorough understanding of the subject through mastery of all relevant materials	Rónghuì (融会) (m), Róngguàn (融贯) (m), Róngtōng (融通) (m);

yàn yǔ yīng shēng (燕语莺声)	like an oriole trilling or a swallow twittering — describing a woman speaking in a sweet, delicate voice	Yànyǔ (燕语) (f/m), Yīngshēng (莺声) (f);
fán róng chāng shèng (繁荣昌盛)	thriving and prosperous	Yìfán (艺繁) (m/f), Yìróng (艺荣) (m), Yìchāng (艺昌) (m), Yìshèng (艺盛) (m/f);
pān yún zhuī yuè (攀云追月)	have high aspirations	Pānyún (攀云) (f), Zhuīyuè (追月) (f); Yuèzhuī (月追) (f), Yúnpān (云攀) (m/f);
lóng fēi fèng wǔ (龙飞凤舞)	lively and vigorous flourishes in calligraphy	Lóngfēi (龙飞)(m), Fèngwǔ (凤舞) (f);
jīn bì huī huáng (金碧辉煌)	resplendent and magnificent	Jīnbì (金碧) (f), Huīhuáng (辉煌) (m);
yì rán jué rán (毅然决然)	resolute; determined	Yìrán (毅然) (m), Juérán (决然) (m);
qì yǔ xuān áng (气宇轩昂)	have an impressive bearing	Qìyǔ (气宇) (m), Xuān'áng (轩昂) (m); Qìxuān (气轩) (m), Qì'áng (气昂) (m);
guāng fēng jì yuè (光风霁月)	like a light breeze and a clear moon — open and overboard	Fēngguāng (风光) (m/f), Fēngjì (风霁) (m/f), Fēngyuè (风月) (f).

Total Victory:
Sunzi's Art of Business
Contains 100 modern-day case studies for your application and strategizing.
ISBN 981-229-404-X

Sun Zi's Art of War
Find out what top military academies around the world read and apply it to gain the upper hand in business.
ISBN 981-3068-99-X

The Art of Goal Setting
Illustrates the strategies used by the ancients to achieve the feats that challenge even modern imagination.
ISBN 981-229-409-0

The Art of Excellence
Be inspired by great leaders to achieve excellence in your work and life. Contains practical tips for personal and group use.
ISBN 981-229-456-2

CHINESE CULTURE SERIES

150x210mm, fully illustrated

ORIGINS OF CHINESE PEOPLE AND CUSTOMS

Explores the beginnings of the Chinese people, origins of Chinese names, Chinese zodiac signs, the afterlife, social etiquette and more!

ORIGINS OF CHINESE FESTIVALS

Stories about Lunar New Year, Chinese Valentine's Day, Qing Ming, Dragon Boat, Zhong Yuan, Mid-Autumn Festivals and more.

ORIGINS OF CHINESE CULTURE

Interesting facts about the "Four Treasures of the Study": the brush, ink, paper and inkstone, which form the cornerstone of Chinese culture.

ORIGINS OF CHINESE ART AND CRAFT

Packed with useful information on artistic interests covering Chinese embroidery, lacquerware, paper cutting, face masks and pottery.

ORIGINS OF CHINESE MARTIAL ARTS

Traces the origins of the *gongfu* of Shaolin and Wudang warriors and their philosophy and chivalry code.

ORIGINS OF SHAOLIN KUNG FU

For over 1500 years, Shaolin martial arts teachings have spread through the world from the foot of Mt Song in Henan Province, China. The monks of Shaolin Temple have become synonymous with Chinese martial arts while cultivating the virtues of Buddhism.

ORIGINS OF CHINESE CUISINE

Showcases famous and best-relished dishes, including Peking Roast Duck and Buddha Jumps Over the Wall, and the stories behind them.

ORIGINS OF CHINESE FOOD CULTURE

Covers the origins, history, customs, and the art and science of Chinese food culture, including the 18 methods of cooking.

ORIGINS OF CHINESE TEA AND WINE

Explores the origins, history, customs, and the art of Chinese tea and wine, including stories of how famous varieties of tea and wine came to be.

ORIGINS OF CHINESE SCIENCE & TECHNOLOGY

Covers great inventions by the Chinese: the compass, paper-making, gunpowder and printing. Also explores Chinese expertise in the fields of geography, mathematics, agriculture and astronomy.

Forthcoming: **ORIGINS OF CHINESE FAMILY NAMES** (Feb 2007)

Chinese History: Ancient China to 1911
This book will help you to comprehend and interpret China's history in its proper context, plus provide vivid illustrations, and questions and answers to enhance your appreciation of great people and happenings.
192pp, ISBN 981-229-439-2.

Great Chinese Emperors: Tales of Wise and Benevolent Rule
Read the tales of wise and benevolent rulers including Shennong, Li Shiming (Tang dynasty) and Emperor Kangxi (Qing dynasty). These stand tall for their outstanding contributions and character.
192pp, ISBN 981-229-451-1.

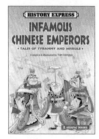

Infamous Chinese Emperors: Tales of Tyranny and Misrule
Stories of China's most notorious emperors who are a motley crew of squanderers, murderers, thugs and lechers, and how they got their just deserts!
192pp, *ISBN 981-229-459-7.*

Confucius: Life of the Great Humanist
"If Heaven had not given birth to Zhong Ni, the ages would have been a long, long night," Follow the life of Confucius and you will be amazed by his life and teachings.
192pp,ISBN 981-229-257-8.

The Great Explorer Cheng Ho
He led seven massive fleets to 30 countries in Asia and Africa, long before Western explorers discovered the New World. He was also a brilliant diplomat who initiated peaceful international relations.
128pp, ISBN 981-229-410-4.

ZEN INSPIRATION

Zen is a way of creative living. In this book, you will find out about Zen in all its vitality and simplicity. Whatever it is about Zen that fascinates you – silent meditation or creative expression – you will not be disappointed as you dip into the pages of this book.
Illustrated by **Fu Chunjiang**. *224pp, 150x210mm, ISBN 981-229-455-4.*

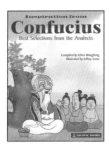

INSPIRATION FROM CONFUCIUS:
BEST SELECTIONS FROM THE ANALECTS

Contains more than 100 choice quotations classified under broad themes depicting Confucian core values and enhanced by inspirational thoughts based on the quotations. With additional features on Confucius' life, achievements and influence, it makes an excellent representation of the *Analects*.
Illustrated by **Jeffrey Seow**. *224pp, 150x210mm, ISBN 981-229-398-1.*

THE TAO INSPIRATION :
Essence of Lao Zi's Wisdom

Written more than 2,500 years ago, the Tao Te Ching now comes in 21st century style. Presenting Lao Zi's masterpiece in a concise, comprehensive yet profound manner, this book provides practical wisdom for leadership and for achieving balance and harmony in everyday life.
Illustrated by **Feng Ge**. *176pp, 150x210mm, ISBN 981-229-396-5.*

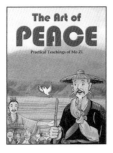

THE ART OF PEACE

The perfect companion if daily stories on war and terrorism are tiring you out. Learn how Mo Zi spread his message of peace to warring states locked in endless conflicts and power struggles.
Illustrated by **Chan Kok Sing**, *152pp, 150x210mm, ISBN 981-229-390-6.*

FENG SHUI AND ASTROLOGY

Rigorously researched, *Basic Science of Feng Shui: A Handbook for Practitioners* is no bedtime read for the average Feng Shui fan. It elucidates the theories and applications of authentic Feng Shui. The Flying Star, Substitute Star and Water Theories have also been presented in a concise manner that provides practitioners with a true understanding of the complex formulae and practical application involved.

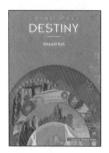

Unveil Your Destiny helps you to make sense of the highly-condensed data in your Eight Characters. This book picks up where the author's first book, *Hsia Calendar*, left off and show you how to draw conclusions about your own destiny.

For the first time, the Hsia Calendar is now available in English to guide you into the world of Feng Shui. Complete with symbols, this book will enable you to erect your personal Pillars of Destiny or Eight Characters, live in harmony with your environment and avert disaster.

This book shows you how the Feng Shui of your home can have a huge impact on your life. This handy guidebook is jam-packed with practical and easy-to-understand Feng Shui ideas.

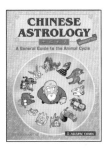

The 12 animals of the 12-year cycle are introduced and their unique characteristics highlighted. This book shows how each animal will fare in the Rat year and moves on until the Pig year.

This book explains the basic principles of Feng Shui and how they work. Discover the ancient Chinese mystical art of placement at work to create a situation where good or bad fortune becomes the order of the day.

Specially written for today's readers, the book interprets the significance of the hexagrams in terms that are understandable in our modern time. Beautifully illustrated with inspirational verses in Chinese ink penned by calligrapher Xu Qinghua, this edition is a boost to the readers.

I Ching is often seen as a storehouse of wisdom for guidance on the conduct of life. This book seeks to remove the mystique surrounding the I Ching, and offers a quick look at the origins and applications of the I Ching.